青少年综合素质培养课

青少年能力培养课

思维

杜兴东 编著

全球经典的品质培养成长书系之一

你的人生第一课

北京出版集团
北京出版社

图书在版编目(CIP)数据

青少年能力培养课．思维／杜兴东编著．— 北京：北京出版社，2014.1
（青少年综合素质培养课）
ISBN 978-7-200-10295-6

Ⅰ．①青… Ⅱ．①杜… Ⅲ．①青少年—能力培养 Ⅳ．①G421

中国版本图书馆 CIP 数据核字(2013)第 282792 号

青少年综合素质培养课
青少年能力培养课　思维
QING-SHAONIAN NENGLI PEIYANGKE　SIWEI
杜兴东　编著

*

北　京　出　版　集　团　出版
北　京　出　版　社
（北京北三环中路6号）
邮政编码：100120

网　　址：www.bph.com.cn
北 京 出 版 集 团 总 发 行
新　华　书　店　经　销
三河市同力彩印有限公司印刷

*

787 毫米×1092 毫米　16 开本　12 印张　170 千字
2014 年 1 月第 1 版　2023 年 2 月第 4 次印刷
ISBN 978-7-200-10295-6
定价：32.00 元
如有印装质量问题，由本社负责调换
质量监督电话：010-58572393
责任编辑电话：010-58572303

前　言

从前，有一个国王，他有两个儿子。一个勤奋，一个聪明，两个人都有继承王位的潜能。为了测出谁更适合做自己的接班人，国王给他们相同的工匠和资金，让他们两个人从 16 岁开始就独立建设自己的城堡。

勤奋的大王子从 16 岁的那一天开始，就亲自带领工匠勘察地基、计算成本。他每天天一亮就起来，很晚才睡下。人人都说他是一个让人敬佩的领袖，国王对他的表现也很满意。

而二王子就不同了，他满 16 岁的时候，做的第一个决定就是宣布解散自己的城堡建设队，因为他知道，国王给他们的人员只会训练，不懂得建筑。他用自己手里的资金另外招募了一批民间的能工巧匠。他还专门向有经验的工匠学习了 3 个月，然后拿出了自己的设计图纸——一个完全与众不同的庄园。然后他就开始分配任务了，每个人都在合适的位置上发挥才能。二王子安排好任务之后，就去周游列国了。两年之后他回来了，自己的城堡已经建好了，而且他从游牧的国家学到了饲养畜牧，从热带国家学到了种水稻，从沙漠国家学会了节水，从更古老的国家学会了礼仪制度的管理。

如果你是国王，你会选择谁？

国王选择了聪明的二王子。因为二王子有自己的想法，知道雇佣擅长的人来帮助自己，知道在别人建城堡的时间去学习东西，能把自己当作未来的国王去吸纳别国的优点……不仅因为这些，更因为他没有让自己很累。虽然是选择未来的国王，但老国王更希望自己的孩子将来的生活是快乐的。做国王对大儿子来说有点吃力，但是对聪明的二儿子来说，是一件相对轻松的事情。

最好的国王，是既能够统治好自己的国家、让自己的聪明才智充分发挥，又能享受治国乐趣的人；最好的乐队指挥，是既能协调好整个乐队的相互配合、精准地阐释音韵之美，又能享受完美旋律的人；最善于学习的人，是既能保证自己的成绩优秀，又能轻松应对各种测试和比赛的人……纵观当今各阶层领袖人物，思维大师、数学家、逻辑学家、诡辩家、侦探大师、艺术家、商业领袖，甚至普通行业里的优秀人物，哪一个是人云亦云、不擅思考、不擅运用思维的人？正是良性思维，让他们在千万世界诱惑中找到并塑造了属于自己的成功领域。

爱因斯坦曾说，想象力比知识更重要。想象力从哪里来？从独特的思维角度和思维方式中来。思维，是整个大脑的功能，学习思维，实际上就是在掌握应对万物的一种技能。普通人之所以没有拥有像爱因斯坦那样天才式的大脑，其中一个最重要的区别就在于——大脑思维。

鲁迅先生曾说过这样一段话："外国用火药制造子弹来打敌人，中国却用它做爆竹敬神；外国用罗盘来航海，中国却用它来测风水；外国用鸦片来医药，中国却拿它当饭吃。"我们在回味鲁迅先生的这番尖锐的披露时，不应只将其作为揭露国人悲哀的样板，更应当思考其中蕴含的更深层的意义：面对同样的事物，中国人与外国人为什么会采取不同的态度？为什么会有截然不同的用途？

答案是：思维的不同。

我们说，思路决定出路。因为思维上的不同，看问题的

前言

角度与方式就不同；因为思维上的不同，我们所采取的行动方案与标准就不同；因为思维上的不同，我们面对机遇进行的选择就不同；因为思维上的不同，我们在人生路上收获的成果就不同。

我们常常感叹：面对相同的境遇，拥有相近的出身背景，持有相同的学历文凭，付出相近的努力程度，为什么有的人能够脱颖而出，而有的人只能流于平庸？为什么有的人能够飞黄腾达、演绎完美人生，而有的人只能一败涂地、满怀怨恨而终？

区别在哪里？

差距又在哪里？

这些区别与差距仍然源自思维上的不同。

思维决定着一个人的行为，决定着一个人的学习、工作和处世的态度。也就是说，思维决定着一个人的前途和命运，决定着你我的成败！

天才的培育与成长，不在于方法，而在于观念；不完全靠勤奋，而主要靠思维。当思维被一种科学的潜意识主导，被一种理性的观念左右时，人生命运就会从此改变，生命的轨迹势必朝着成功的方向延伸。每个人的一生，都由自己来把握，而这把钥匙就是你的大脑思维。真诚希望更多的朋友能够在这场全新的思维风暴中，启迪智慧，完善自我，获得受益一生的思维方式，为自己开创更加精彩的人生。

目 录

第一章 敢于超越,赢得创造:创新思维 / 1

停止思维的惯性 / 2

不被任何条条框框束缚 / 3

破除思想僵化、墨守成规 / 4

扔掉思维上的拐杖 / 6

不要迷失自己 / 7

第二章 可以有点"异想天开":发散思维 / 11

在变化中发现机会 / 12

发现事物间的共通之处 / 13

由点带面,有效扩散 / 14

分享彼此的智慧 / 16

第三章 做一条反向游泳的鱼:逆向思维 / 19

从事物的反面入手 / 20

打破思维定式 / 21

让思维产生逆转 / 23

不必随波逐流 / 24

第四章　展开想象力的翅膀：形象思维 / 27

　　创新需要想象力 / 28
　　好想法决定好结果 / 29
　　不断开阔我们的视野 / 31

第五章　思维中的电光石火：灵感思维 / 33

　　稍纵即逝的绝妙方案 / 34
　　直觉也是长期积累所得 / 35
　　好记性不如烂笔头 / 37
　　错失了灵感就错失了机遇 / 38

第六章　方案是丰富多彩的：辩证思维 / 41

　　辩证看待，才会有缤纷的世界 / 42
　　在缺陷之处找到改进契机 / 43

第七章　发现事物间微妙的联系：联想思维 / 45

　　举一反三的思维活动 / 46
　　打破束缚，放开联想 / 47

第八章　不要盲目从众：质疑思维 / 49

　　提出问题比解决问题更重要 / 50
　　解放思想，大胆质疑 / 52
　　让好奇心敲开生活的大门 / 53

第九章　系统地思考一切：整体思维 / 55

　　发明创造的基础 / 56
　　从整体的角度看待问题 / 57

确立足够科学的目标 / 59

第十章　递进推理，深入挖掘：纵向思维 / 61

对事物发展趋势多些预知 / 62
深入思考的妙处 / 63
追根问源，直达核心 / 65

第十一章　转念之间天地宽：迂回思维 / 67

有效迂回，掌控主动 / 68
用多元思维解决复杂问题 / 69
先顺应，后改变 / 71

第十二章　简单便是聪明，复杂便是愚蠢：简单思维 / 73

删繁就简，突出本质 / 74
善于转换，巧妙解决 / 76
快刀斩乱麻 / 77

第十三章　富有远见的思考：超前思维 / 79

高瞻远瞩地看清未来 / 80
思维要落在更远处 / 81
努力向前方挺进 / 83

第十四章　学以致用，知行合一：学习思维 / 85

三人行必有我师 / 86
点燃学习的热情 / 87
知识要应用到实践中去 / 89

第十五章　多替别人想想：同理心思维 / 93

洞悉别人，醒悟自己 / 94

多听听周围不同的声音 / 95
善待他人就是善待自己 / 97

第十六章　故步自封是大忌：动态思维 / 99

停滞意味着被淘汰 / 100
拒绝改变就是退步 / 101
不要满足于眼前的成就 / 102

第十七章　聚焦创造卓越：专注思维 / 105

把思维导入专一的路径 / 106
观察要细致入微 / 107
将注意力集中在单一目标上 / 108

第十八章　前事不忘，后事之师：归纳思维 / 111

错误是成长的阶梯 / 112
阅历是宝贵的财富 / 113
在优胜劣汰的竞争中成长 / 115

第十九章　把潜藏的价值开发到极致：增值思维 / 117

让思维进行叠加 / 118
智慧决定事业高度 / 120
思维转换，财富自来 / 121

第二十章　要事第一：重点思维 / 123

一招鲜，吃遍天 / 124
理清头绪，把握关键 / 126
别为细枝末节的小事困扰 / 128

第二十一章　做个高效能人士：效率思维 / 131

找对方法，事半功倍 / 132
注重条理，提升效率 / 134
有效的时间管理 / 136

第二十二章　做事要三思而后行：谨慎思维 / 139

处理事情切忌草率与仓促 / 140
勤于思考，善于思考 / 142
面对表象，勿妄下结论 / 143

第二十三章　九尺之台，起于垒土：积累思维 / 147

成功不是一蹴而就的事 / 148
脚踏实地，走好每一步 / 149
忍耐一些不如意 / 151
滴水汇集成大海 / 153

第二十四章　你不是一座孤岛：团队思维 / 155

集体的力量大于个人力量 / 156
个人英雄主义要不得 / 157
积极参与到团队中去 / 159
志同道合，追寻双赢 / 160

第二十五章　当生活欺骗了你：镇静思维 / 163

学会接受不公的待遇 / 164
无故加之而不怒，猝然临之而不惊 / 165
遇事不乱才能成就大事 / 167

第二十六章　生于忧患，死于安乐：忧患思维 / 169

　　　　　　时刻保持危机感 / 170

　　　　　　骄傲自满，坐吃山空 / 172

　　　　　　未雨绸缪，主动进取 / 173

第二十七章　准备赢得一切：准备思维 / 175

　　　　　　凡事预则立，不预则废 / 176

　　　　　　当机会来临时 / 177

　　　　　　充分准备才能赢得胜利 / 179

第一章

敢于超越，赢得创造：创新思维

> 我们知道，创新能力是人的能力中最重要、最宝贵、层次最高的一种能力。凡是能想出新点子、创造出新事物、发现新路子的思维都属于创新思维，创新思维是一切创新活动的开始。爱因斯坦曾说："人是靠大脑解决一切问题的。"青少年要学好、用好创新思维，融会贯通，充分激发出自己的创新潜能。

停止思维的惯性

打破并挣脱"想当然"的思想羁绊，才能让创新思维发展起来。

人们囿于一定的社会环境或生活习惯的时候，就会产生思维的惰性和惯性。这种习性容易使人们安于现状、不思变革，并且会不自觉地充当旧价值观念的卫道士。要想获得成功，就要用创造性的思维挣脱"想当然"的羁绊。

古今中外，有不少杰出人士因为挣脱"想当然"的羁绊而获得成功。

我们从小就知道这样一个故事：从前有一个年轻的英国人在他家的农场里度假休息，他仰卧在一棵苹果树下思考问题，这时，一只苹果落到了地上。

对这个常人习以为常的现象，他却陷入了深思："苹果为什么会落到地上呢？地球会吸引苹果吗？苹果会吸引地球吗？它们会互相吸引吗？这里面包含着什么样的原理呢？"

这位年轻人就是牛顿。他用不想当然的创造性思维，获得了一项极为重要的发现——万有引力定律。

我们如何培养自己的创造性思维来挣脱那些"想当然"呢？

注意观察研究，可以看到我们周围有两种类型的人：一种人不加分析地接受现有的知识观念，思想僵化、墨守成规、安于现状。这种人既无生活热情，更无创新意识。另一种人思想活跃，不受陈旧的传统观念的束缚，注意观察研究新事物。这种人不满足于现状，常常给自己提出疑难问题，勤于思考，积极探索，敢于创新。我们应该学习后一种人，培养和锻炼创造性思维的能力。

保持思维的灵活性，挣脱"想当然"的羁绊，善于并敢于创造一切。灵活机动的思维能力能促使人们产生一种强烈的好奇心，遇事善于追根问底，注意从社会的海洋中积累各种各样的经验，用以充实和丰富自己的头脑，为自己进行创造性思维贮存素材。

一个人具有灵活机动的思维能力，能够挣脱"想当然"的束缚，还能促使其不断强化自己的想象力、联想力以及思维转向力，善于从不完善的事物中提出创见，也就善于从完善的事物中发现问题。

不被任何条条框框束缚

谁也不能揪着自己的头发离开地面，唯有一种突破常规的超越力量，唯有基于解放思想束缚后所产生的巨大能量释放，才能有柳暗花明的惊喜和峰回路转的开阔。

培养创新思维，首先就要做好思想上的准备——敢于超越常规，超越传统，不被任何条条框框束缚，不被任何经验习惯制约。只有这样，才能产生更宽广的思绪与触觉。

1813年，曾以成功进行人工合成尿素实验而享誉世界的德国著名化学家维勒，收到老师贝里齐乌斯教授寄给他的一封信。

信是这样写的：

从前，一个名叫钒娜蒂丝的既美丽又温柔的女神住在遥远的北方。她究竟在那里住了多久，没有人知道。

突然有一天，钒娜蒂丝听到了敲门声。这位一向喜欢幽静的女神，一时懒得起身开门，心想，等他再敲门时再开吧。谁知等了好长时间仍听不见动静，女神感到非常奇怪，往窗外一看：原来是维勒。女神望着维勒渐渐远去的背影，叹气道：这人也真是的，从窗户往里看看不就知道有人在，不就可以进来了吗？就让他白跑一趟吧。

过了几天，女神又听到敲门声，依旧没有开门。

门外的人继续敲。

这位名叫肖夫斯唐姆的客人非常有耐心，直到那位漂亮可爱的女神打开门为止。

女神和他一见倾心，婚后生了个儿子叫"钒"。

维勒读罢老师的信，唯一能做的就是一脸苦笑地摇了摇头。

原来，在1830年，维勒研究墨西哥出产的一种褐色矿石时，发现一些五彩斑斓的金属化合物，它的一些特征和以前发现的化学元素"铬"非常相似。对于铬，维勒见得多了，当时觉得没有什么与众不同的，就没有深入研究下去。

一年后，瑞典化学家肖夫斯唐姆在本国的矿石中，也发现了类似"铬"的金属化合物。他并不是像维勒那样把它扔在一边，而是经过无数次实验，证实了这是前人从没发现的新元素——钒。

维勒因一时疏忽而把一次大好机会拱手让给了别人。

种种习惯与常规随时间的沉淀，会演变成一种定式、枷锁，阻碍人们的突破和超越。生活中常规的层层禁锢所产生的连锁效应不止于此，新时代的青少年所要做好的就是打破一切规则，只有敢于超越，才能赢得创造。

破除思想僵化、墨守成规

曾经有一位专家设计过这样一个游戏：

十几个学员平均分为两队，要把放在地上的两串钥匙捡起来，从队首传到队尾。规则是必须按照顺序，并使钥匙接触到每个人的手。

比赛开始并计时。两队的第一反应都是按专家做过的示范：捡起一串，传递完毕，再传另一串，结果都用了15秒左右。

专家提示道："再想想，时间还可以再缩短。"

其中一队似乎"悟"到了，把两串钥匙拴在一起同时传，这次只用了5秒。

专家说："时间还可以再减半，你们再好好想想！"

"怎么可能！"学员们面面相觑，左右四顾，不太相信。

这时，场外突然有一个声音提醒道："只是要求按顺序从手上经过，不一定非得传啊！"

另一队恍然大悟，他们完全抛开了传递方式，每个人都伸出一只手扣成圆桶状，摞在一起，形成一个通道，让钥匙像自由落体一样从上落下来，既按照了顺序，也接触了每个人的手，所花时间仅仅是0.5秒！

美国心理学家邓克尔通过研究发现，人们的心理活动常常会受到一种所谓"心理固着效果"的束缚，即容易只把已存在的看成合理的、可行的，因而在看待某些事物、思考某种问题时，很容易沿着原有的旧思路延伸，受到传统模式的严重羁绊而无法突破创新。

创新就是看到别人未看到的，想到别人还未想到的，站在上升、前进和发展的立场上，破除思想僵化、墨守成规、安于现状的思维老路，突破思维的定式，提出新问题、解决新问题，促进旧事物的灭亡、新事物的成长和壮大，实现事物的发展。

缺乏创新思维往往是由于自我设限造成的，随着时间的推移，我们所看到的、听到的、感受到的、亲身经历的各种现象和事件，一个个都进入我们的头脑中而构成了思维模式。这种模式一方面指引我们快速而有效地应对处理日常生活中的各种小问题，另一方面，它却无法摆脱时间和空间所造成的局限性，让人难以走出那无形的边框，而始终在这个模式的范围内打转转。

要想培养创新思维，必先打破这种"心理固着效果"，勇敢地冲破传统的看事物、想问题的模式，从全新的思路来考察和分析面对的问题，进而才有可能产生大的突破。

扔掉思维上的拐杖

独立的思考能力是现代创造性活动的基本要求。具体来说，独立的思考能力是针对具体问题进行深入分析而提出自己的独创见解的能力，它也是一种运用已经掌握的理论知识和已经积累的经验教训，独立地、创造性地分析和解决实际问题的综合能力。

我们在创造性活动中，要善于根据实际情况进行独立的分析和思考，对问题的认识和解决有独创见解，不受他人暗示的影响，不依赖于他人的结论，努力防止思想的依赖性。

有一个小学三年级的学生一次随他爸爸去宾馆，迎面看见墙上并列排着7座大钟，分别显示世界各地当时的准确时间。可为什么要挂那么多钟？

不能仅用一只钟来表示各地的时间吗？他坚持认为挂钟多，既占地方又费钱。他年纪虽小，但善于独立思考，经过多次试验，发明出"新式世界钟"，这种钟可代替那7种钟的功能，被评为全国青少年发明创新一等奖。

一位智者强调，要培养你的创造性思维，一定要培养自己的独立思考、刻苦钻研的良好习惯，千万不要人云亦云，读死书，死读书。

人性中普遍存在着两个相反的特质，这两个特质都是积极思考的绊脚石。

轻信（不凭证据或只凭很少的证据就相信）是人类的一大缺点，独立思考者的脑子里永远有一个问号。你必须学会质疑企图影响正确思考的每一个人和每一件事。

这并不是缺乏信心的表现。事实上，它是尊重造物主的最佳表现，因为你已了解到你的思想，是从造物主那儿得到唯一可由你完全控制的东西，而你应该珍惜这份福气。

如果你是一位独立的思考者，你就是你思维的主人，而非奴隶。你不应给予任何人控制你思想的机会，你必须拒绝错误的倾向。

人们往往会接受那些一再出现在脑海中的观念——无论它是好的或是坏的，是正确的或是错误的。

人类另一项共同的弱点，就是不相信他们不了解的事物。

当莱特兄弟宣布他们发明了一种会飞的机器，并且邀请记者来观看时，没有人接受他们的邀请。当马可尼宣布他发明了一种不需要电线就可传递信息的方法时，他的亲戚甚至把他送到精神病院去检查，他们还以为他失去了理智呢！

在没有弄清楚之前，就采取鄙视的态度，只会限制你的机会、信心、热忱以及创造力。不要认为未经证实的事情和任何新的事物都是不可能的。独立思考的目的，在于帮助你了解新观念或不寻常的事情，而不是阻止你去研究它们。

所以，作为当代的杰出青少年，要具备创新思维、创造性能力，你就必须培养并具备独立思考的能力。

不要迷失自己

在良好的思维中，有一种策略是人们必须记取的：你可以模仿别人，但绝不可一味地进行模仿。因为，一味地去模仿别人，很容易失去本来的自己。下面这个故事就说明了这一点。

一只麻雀，总想学孔雀的样子。孔雀的步法是多么骄傲啊！孔雀高高地仰起头，抖开尾巴上美丽的羽毛，那开屏的样子是多么漂亮啊！"我也要像这个样子，"麻雀想，"那时候，所有鸟赞美的一定会是我。"麻雀伸长脖子，抬起头，深吸一口气让小胸脯鼓起来，伸开尾巴上的羽毛，也想来个"麻雀开屏"。麻雀学着孔雀的步法前前后后地踱着方步。可这些做法，使麻雀感到十分吃力，脖子和脚都疼得不得了。最糟的是，其他的鸟类——趾高气扬的黑乌鸦、时髦的金丝雀，还有蠢鸭子，全都嘲笑这只学孔雀的麻雀。不一会儿，麻雀就觉得受不了了。

"我不玩这个游戏了，"麻雀想，"我当孔雀也当够了，我还是当个麻雀吧！"但是，当麻雀还想像原来那个样子走路时，已经不行了。麻雀再没法子走了，除了一步一步地跳外，再没别的办法了。这就是现在麻雀只会跳不会走的原因。

洛威尔说："茫茫尘世，芸芸众生，每个人必然都会有一份适合他的工作。"在个人成功的经验之中，保持自我的本色及以自身的创造性去赢得一个新天地，是有意义的。一味地盲目模仿别人，只会更加容易迷失自我。

成功者走过的路，一般来说，并不适合其他人跟着重复走。在每个成功者的背后，都有自己独特的、不能为别人所仿效和重复的经历。

金·奥特雷刚出道之时，想要改掉他得克萨斯的乡音，为了像个城里的绅士，便自称纽约人，结果大家都在背后耻笑他。后来，他决定抛掉那些无谓的虚荣，还原本真的自己，他开始弹奏五弦琴，唱他的西部歌曲，开始了他那了不起的演艺生涯，最终，成为全世界在电影和广播两方面最有名的西部歌星之一。

玛丽·玛格丽特·麦克布蕾刚刚进入广播界的时候，想做一个爱尔兰喜剧学员。结果失败了。后来她发挥了她的本色，做一个从密苏里州来的、很平凡的乡下女孩子，结果成为纽约最受欢迎的广播明星。

卓别林开始拍电影的时候，那些电影导演都坚持要卓别林学当时非常有名的一个德国喜剧演员，卓别林却不愿一味地模仿别人，他潜心研习，终于创造出一套自己的表演方法，并一举成名。

鲍勃·霍伯有相同的经验。他多年来一直在演歌舞片，结果毫无成绩，一直到他发挥出自己的笑话本事之后，才成名起来。威尔·罗吉斯在一个杂耍团里，不说话光表演抛绳技术，就练了好多年，最后才发现自己在讲幽默笑话上有特殊的天分，他开始在耍绳表演的时候说话，才获得成功。

我们每个人的个性、形象、人格都有相应的潜在的创造性，我们完全没有必要去一味地模仿别人。青少年朋友在模仿别人的同时，一定要有忧患思维，不要认为简单模仿就可以复制别人的成功，要防止在模仿中迷失了自我，丢失了本色。

第二章

可以有点"异想天开":发散思维

> 发散思维要求人们的思维向四方扩散,无拘无束、海阔天空,甚至异想天开。因此,发散思维又称为辐射思维、扩散思维。它是指人在思考问题时,思维以某一点为中心,沿着不同的方向、不同的角度,向外扩散的一种思维方式。

在变化中发现机会

发散思维在生活中的应用,很重要的一点就是要善于接纳吸收新思想,并经常保持变化。在吸收新思想的时候,人的思维也会随之受到影响,接收到不同的东西,从而为寻找到发散的"点"打下基础。

变化,在今天比过去来得更大、更快速。因此,要及时吸收新思想、新资讯,使自己对环境发展的趋势、事业发展的方向、新的工作机会等有更充分的了解。一个人知道得越多,越有能力及早应变,越能够轻易从新思想中得出新的解决办法,找到发散思维的突破点。

大多数杰出的青少年是十分灵活的人,他们接纳新思想,并期待经常性的变化。过去的日子将一去不返,所以不可能与明天隔离开。现在的问题恰恰是未来的机会,保持警惕是一笔巨大的资产。杰出的青少年总是寻找做事的新方法,并相信,一旦它开始奏效,很快又会过时。变化无时不在,无处不在。

让我们来听听比尔·盖茨的话:"在微软,我们的主要目标之一就是不断自我更新——我们必须确保是我们自己而不是别的什么人将我们的产品更新换代。"

如何最好地应对变化,本身并不是一个新的概念。正如亨利·福特在很久之前就注意到的:习惯往往导致一定程度的迟钝。

商人的生意下滑是因为他们习惯于墨守成规,以至于无法适应变化。概括起来,他们是那种不知道昨天已经过去的人,早晨起来满脑子里还都是昨天的想法。这几乎可以写成一个公式,即当一个人觉得他终于找到了一个方法的时候,他最好开始彻底地自我反省,看看自己的一部分脑子是不是已经睡着了。当某人认为他已经被生活"固定

第二章 可以有点"异想天开":发散思维

住"了的时候,他就相当危险了,因为这意味着,随着车轮的前进,下一次颠簸就会把他摔下来。

做计划必须拥有与之相关的资讯,必须懂得与计划的宗旨有关的事情。如果你试图计划你的学业,你必须懂得摆在你面前可供你选择的就学机会;如果你试图计划你未来的职业,你必须懂得有关职业的知识。

杰出青少年们应当懂得:要积累这些知识,就必须下一番功夫。摄取一切自己能找到的与自己要选择的领域有关的东西,还包括广泛地向有知识的人请教。接收更多的新知识、新思想,为更有效地培养发散思维做准备。

发现事物间的共通之处

天底下许多事物,如果你仔细观察它们,就会发现一些共通的道理,这就是事物之间的相关性。下面我们就来看一个事例。

福特汽车是美国最重要的汽车品牌之一,在全球的销售量也名列前茅。在创立之时,创办人亨利·福特一直思考着,要如何大量生产,降低单位成本,并提高在市场的竞争力。

有一天晚上,亨利·福特对孩子说完三头小猪如何对抗野狼的故事后,他突然有个想法,他可以去猪肉加工厂看看,或许会有一些新的发现。他参观了几家猪肉加工厂后,发现里面的作业采用天花板滑车运送肉品的分工方式,每个工人都有固定的工作,自己的部分做完后,将肉品推到下一个关卡继续处理,这样,肉品加工生产效率非常高。

亨利·福特立刻想到,肉品的作业方式也可以运用在汽车制造上。

他之后和研发小组设计出一套作业流程，采用输送带的方式运送汽车零件，每个作业员只要负责装配其中的某一部分，不用像过去那样负责每部车的全部流程。亨利·福特所采用的分工作业，的确达到了他原先的要求，使得福特汽车成功地提高了全球的市场占有率，同时变成后来不同车厂的作业标准。

他山之石，可以攻玉。我们常常可以在一些不相关的事物上，找到灵感的启发，这就是一种异中求同的归纳能力。当我们能在看来似乎毫无关联的对象中，找出更多的相同道理，也就代表着我们能发掘更多的创意题材。因为这些相通之处，往往是其他人没有发现的，这也正是我们的成功机会。

猪肉和汽车，看似不具有相关性，但是猪肉加工厂的作业流程，给了汽车工厂一个很好的工作模板。所以我们也可以常常将这种异中求同的技巧，运用在生活中。在我们的工作中，除了多观察同业的做法，异业也是值得观察和学习的对象。一位歌手，可以从一位老师身上，看到他在讲台上如何表现，这对自己的舞台表演一定会有所帮助。一位清洁队员和一位大企业的董事长，有什么相通的地方？或许我们可以发现，他们都很节省，或者他们的体力都很好。

所以我们除了常问"这到底有什么关系"，也可以尝试运用发散思维去看待事物，去联系事物，也可以试着找到"有什么关系"，我们就会发现，原来这个世界蕴藏着无限的可能。

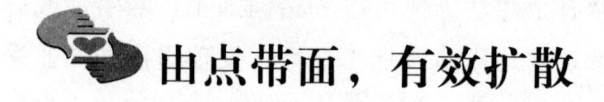

由点带面，有效扩散

杰出青少年往往会撇开众人常用的思路，善于尝试多种角度的考虑方式，从他人意想不到的"点"去开辟问题的新解法。所以，当我们提倡大家要进行发散性的思维训练，其首要因素便是要找到事物的这个"点"进行扩散。

华若德克是美国实业界的大人物。在他未成名之前，有一次，他带领属下参加在休斯敦举行的美国商品展销会。令他十分懊丧的是，他被分配到一个极为偏僻的角落，而这个角落是极少有人光顾的。

为他设计摊位布置的装饰工程师劝他干脆放弃这个摊位，因为在这种恶劣的地理条件下，想要成功展览几乎是不可能的。

华若德克沉思良久，觉得自己若放弃这一机会实在是太可惜了。可不可以将这个不好的地理位置通过某种方式得以化解，使之变成整个展销会的焦点呢？

他想到了自己创业的艰辛，想到了自己受到展销大会组委会的排斥和冷眼，想到了摊位的偏僻，他的心里突然涌现出偏远非洲的景象，觉得自己就像非洲人一样受着不应有的歧视。他走到了自己的摊位前，心中充满感慨，灵机一动：既然你们都把我看成非洲难民，那我就打扮一回非洲难民给你们看！于是一个计划应运而生。

华若德克让设计师为他设计了一个古阿拉伯宫殿式的氛围，围绕着摊位布满了具有浓郁非洲风情的装饰物，把摊位前的那一条荒凉的大路变成了黄澄澄的沙漠。他安排雇来的人穿上非洲人的服装，并且特地雇用动物园的双峰骆驼来运输货物，此外他派人定做大批气球，准备在展销会上用。

展销会开幕那天，华若德克挥了挥手，顿时展览厅里升起无数的彩色气球，气球升空不久自行爆炸，落下无数的胶片，上面写着："当你拾起这小小的胶片时，亲爱的女士和先生，你的运气就开始了，我们衷心祝贺你。请到华若德克的摊位，接受来自遥远非洲的礼物。"

这无数的碎片撒落在热闹的人群中，于是一传十，十传百，消息越传越广，人们纷纷集聚到这个本来无人问津的摊位前。旺盛的人气给华若德克带来了非常可观的生意和潜在机会，那些黄金地段的摊位反而遭到了人们的冷落。

从上述案例中我们可以看出，发散思维有着巨大的潜在能量，它通过搜索所有的可能性，激发出一个全新的创意。这个创意重在突破常规，它不怕奇思妙想，也不怕荒诞不经。沿着可能存在的点尽量向外延伸，或许，一些从常规思路出发看来根本办不成的事，其前景便很有可能柳暗花明、豁然开朗。所以，在你平日的生活中，多多发挥思维的能动性，让它带着你在思维的广阔天地任意驰骋，或许你会看到平日见不到的美妙风景。

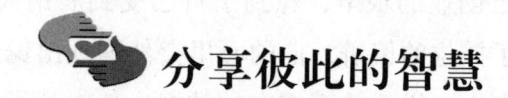

分享彼此的智慧

智慧与智慧交换，能得到更多、更有效的智慧，与你的伙伴们交换想法，你会从中获得意想不到的启发，这也是有效利用发散思维的方法。

一位发明家曾经讲过这样一个故事：

有一家工厂的冲床因为操作不慎经常发生事故，以至于多名操作工手指致残。技术人员设计了许多方案，为了解决这一问题，就是要让冲床在操作工的手接近冲头时自动停车。他们先后采用过红外线、超声波、电磁波构成的许多复杂的检测控制系统，都因为成本高或性能不可靠等原因而放弃了。

正当技术人员一筹莫展时，他想到了交流，便带着自己的想法和工人们一块讨论，大家七嘴八舌，你一个点子，我一个想法，议论了半天，终于有一个人想出了一个绝妙的主意：让工人坐在椅子上操作，在椅子两边扶手上各装一个开关，只有它们同时接通时，冲床才能启动。

操作工两手都在按开关，怎么会发生事故呢？

这样一来，交换一下想法，复杂的事情就变得简单，发散思维也得到了锻炼。

杨振宁说过，当代科学研究，不仅要充分挖掘个人智慧，而且要积极倡导一种团队智慧，各学科、各门类的人才坐在一起，实行智慧的大融合、大交流、大碰撞，才能实现团队智慧成果的最优化。他的这种观点可谓一针见血。美国的硅谷聚集了那么多高科技企业，那么多科技精英，大家"扎堆"的目的就是近距离地搭建一个交流平台，在信息大融合中，实现信息共享、智慧共享。

许多人都知道库仑定律。据说库仑早年是巴黎的一位中学教师，对电荷之间的相互作用力很感兴趣，想找出它们的规律，但苦于无法测量这种微小的力。法国大革命时期，库仑为求安宁去乡下暂住，对农家的纺车发生了兴趣，看着用棉花纺的细细的纱线，觉得妙不可言。他随手抽断一根刚纺成的纱线拿到眼前细看，注意到纱的接头总是向相反的方向卷曲，拧得越紧，反卷的圈数就越多。库仑便和纺纱的农妇交谈起来。

一位科学家和一位农妇的交谈随即引发了一个划时代的发现。

库仑从农妇那里突然联想到，根据纱线卷曲的程度可以度量扭力的大小，可以用同样的原理来测量电荷之间的作用力。不久库仑回到巴黎，做出了一支利用细丝扭转角度测量力矩的极为灵敏的秤，精确测量了电荷的相互作用力与距离的电量的关系，发现了成为电学重要基础的库仑定律。

科学家与普通人之间的差别，比人们想象的要小得多，两者的交流，只有行业和性质的差别。事实证明，不同行业的交流具有极大的互补性，当然，不同的人交换各自的想法也具有很大的启发意义。"隔行不隔理"，同样可以相互启发。

每个人都需要与他人进行交流，一个人自锁书城，两耳塞豆，必然孤陋寡闻，难以超越。你有一个水果，我有一个水果，交换后仍旧是一人一个。但是人的想法却不是如此了，你有一个想法，我有一个想法，交换后每人至少有两个想法，说不定还会由此联系到其他的想法。这也是启发发散思维的好方法。

第三章

做一条反向游泳的鱼：逆向思维

> 逆向思维是以悖逆常规的思维方法解决问题的思维方式，也就是转换视角，从相反的方向去寻求答案。有时候，直接从问题的正面入手并不能解决问题，这时我们就要冲破旧思维的束缚，从现有的思路返回，从与它相反的方向寻找解决问题的办法。

从事物的反面入手

学习逆向思维法最有魅力的地方之一，就是对某些事物或东西，从反面进行利用，运用逆向思维是一种创造能力。

运用逆向思维在处理某些有缺陷或问题的对象时，往往具有最大的创新性。

程颢是北宋著名的理学家，他在担任扶沟知县时，曾经很有创造性地治理过不法分子。

扶沟县有条蔡河，沿河岸有些不法分子专门干抢劫船上人钱物的勾当，每年必有十几只船被烧毁，以显示他们的威风。

程颢担任扶沟知县不久，就抓捕到其中的一个，让他交代出他的同伙，然后一共逮捕了数十人。

但是，程颢在对其进行严厉训斥的同时，鉴于其愿意改过自新，便不再追究他们过去的罪刑，而是让他们分开居住，以拉船为生，并且监督那些在河上作恶的人，假如有其他人作恶，就追究他们的责任。从此以后，在程颢任职期间，扶沟县境内再也没有发生过烧船的事。

这实际上是一种"化废为宝"的逆向思维方式，在经营或者技术发明的时候，同样具有很大的创新性。

1820年丹麦哥本哈根大学物理教授奥斯特，通过多次实验证实存在电流的磁效应。这一发现传到欧洲大陆后，吸引了许多人参加电磁学的研究。英国物理学家法拉第怀着极大的兴趣重复了奥斯特的实验。果然，只要导线通上电流，导线附近的磁针立即会发生偏转，他深深地被这种奇异现象吸引。当时，德国古典哲学中的辩证思想已传入英国，法拉第受其影响，认为电和磁之间必然存在联系并且能相互转化。

他想既然电能产生磁场，那么磁场也能产生电。

为了使这种设想能够实现，他从1821年开始做磁产生电的实验。几次实验都失败了，但他坚信，从反向思考问题的方法是正确的，并继续坚持这一思维方式。

10年后，法拉第设计了一种新的实验，他把一块条形磁铁插入一只缠着导线的空心圆筒里，结果导线两端连接的电流计上的指针发生了微弱的转动！电流产生了！随后，他又完成了各种各样的实验，如两个线圈相对运动，磁作用力的变化同样能产生电流。

法拉第十年不懈的努力并没有白费，1831年他提出了著名的电磁感应定律，并根据这一定律发明了世界上第一台发电装置。

如今，他的定律正深刻地改变着我们的生活。

法拉第成功地发现电磁感应定律，是运用逆向思维方法的一次重大胜利。

实践证明，逆向思维是一种重要的思考能力。青少年的逆向思维能力，对于全面人才的创造能力及解决问题能力具有相当重要的意义。因此可以说，优秀的青少年应当具备一项基本的能力，就是对逆向思维的运用能力。

打破思维定式

人一旦形成了某种认知，就会习惯性地顺着这种定式思维去思考问题，习惯性地按老办法想当然地处理问题，不愿也不会换个方向解决问题，这是很多人都有的一种愚顽的"难治之症"。这种人的共同特点是习惯于守旧、迷信盲从，所思所行都是唯上、唯书、唯经验，不敢越雷池一步。而要使问题真正得以解决往往要废除这种认知，将大脑"反转"过来。

　　美国的一个城市有座著名的高层大厦，因客人不断增多，很多人常常被堵在电梯口。大厦主人决定增建一座电梯。电梯工程师和建筑师为此反复勘测了现场，研究再三，决定在各楼层凿洞，再安装一部新电梯。不久，图纸设计好了，施工也已准备就绪。这时，一个清洁工人听说要把各层地板凿开装电梯，便说：

　　"这可要搞得天翻地覆喽！"

　　"是啊！"工程师回答说。

　　"那么，这个大厦也要停止营业了？"

　　"不错，但是没有别的办法。如果再不安装一部电梯，情况比这更糟。"

　　"要是我呀，就把新电梯安装在大楼外边。"清洁工不以为然地说。

　　没料到，这个"不以为然"的想法，竟成为世界上把电梯安装在大楼外边的"首创"者。

　　有人也许会问，论知识水平，工程师比清洁工高得多，却为什么想不到这一点呢？说来也不奇怪。原来在这两位工程师的心目中，楼梯不管是木制的、混凝土的还是电动的，都是建在楼内之梯。如今要新增电梯，理所当然只能建在楼内，楼外，他们连想也没想过。

　　清洁工人却根本没有这个框框。她所想的是实际问题：怎样才能不影响公司正常营业，她本人也不至于失去工作？于是她很自然地提出把新电梯建在楼外的想法。

　　言者无意，听者有心。清洁工的一句话打破了两位工程师的思维习惯，开通了他们的创新思路。世界上第一部大楼外安装的电梯就这样诞生了。

　　事实表明，一个人只要陷入思维定式，他的思维便会处于自我封闭状态，要想突破束缚和禁锢，提高自己的思维能力，就必须时刻注意反转你的大脑。

　　在平时的学习工作中，我们不要让自己陷入思维的死胡同，要懂得适时地反转自己的大脑,运用逆向思维,以获得问题的解决方法。

让思维产生逆转

当你面对一个史无前例的问题,沿着某一固定方向思考而不得其解时,灵活地调整一下思维的方向,从不同角度展开思路,甚至把事情整个反过来想一下,那么就有可能捧得成功的果实。

宋神宗熙宁年间,越州(今浙江绍兴)闹蝗灾。成片的蝗虫像乌云一样,遮天蔽日。所到之处,禾苗全无,树木无叶,一片肃杀景象。当然,这年的庄稼颗粒无收。

当时,新到任的越州知州赵汴,就面临着整治蝗灾的艰巨任务。越州不乏大户之家,他们有积年存粮。老百姓在青黄不接时,大都过着半饥半饱的日子,而一旦遭灾,便缺大半年的口粮。灾荒之年,粮食比金银还贵重,哪家不想存粮活命?一时间,越州米价飞涨。

面对此种情景,僚属们都沉不住气了,纷纷来找赵汴,求他拿出办法来。借此机会,赵汴召集僚属们来商议救灾对策。

大家议论纷纷,但有一条是肯定的,就是依照惯例,由官府出告示,压制米价,以救百姓之命。僚属们七言八语,说附近某州某县已经出告示压米价了,我们倘若还不行动,米价天天上涨,老百姓将不堪其苦,甚至会起事造反。

赵汴听了大家的讨论后,沉吟良久,才不紧不慢地说:"今次救灾,我想反其道而行之,不出告示压米价,而出告示宣布米价可自由上增。""啊?"众僚属一听,都目瞪口呆,先是怀疑知州大人在开玩笑,而后看知州大人蛮认真的样子,又怀疑这位大人是否吃错了药,在胡言乱语。赵汴见大家不理解,笑了笑,胸有成竹地说:"就这么办。起草文书吧！"

官令如山倒，大人说怎么办就怎么办。不过，大家心里都直犯嘀咕：这次救灾肯定会失败，越州将饿殍遍野，越州百姓要遭殃了！这时，附近州县都纷纷贴出告示，严禁私增米价。若有违犯者，一经查出，严惩不贷。揭发检举私增米价者，官府予以奖励。越州则贴出不限米价的告示，于是，四面八方的米商纷纷闻讯而至。头几天，米价确实增了不少，但买米者看到米上市的太多，都观望不买。然而过了几天，米价开始下跌，并且一天比一天跌得快。米商们想不卖再运回去，但一则运费太贵，增加成本，二则别处又限米价，于是只好忍痛降价出售。这样一来，越州的米价虽然比别的州县略高点，但百姓有钱可买到米。而别的州县米价虽然压下来了，但百姓排半天队，却很难买到米。所以，这次大灾，越州饿死的人最少，受到朝廷的嘉奖。

僚属们这才佩服赵汴的计谋，纷纷来请教其中原因。赵汴说："市场之常性，物多则贱，物少则贵。我们这样一反常态，告示米商们可随意加价，米商们都蜂拥而来。吃米的还是那么多人，米价怎能涨上去呢？"原来奥妙在于此。

思维逆转本身就是一种灵感的源泉。遇到问题，我们不妨多想一下，能否朝反方向考虑一下解决的办法。反其道而行是人生的一种大智慧，当别人都在努力向前时，你不妨倒回去，做一条反向游泳的鱼，去寻找属于你的路径。

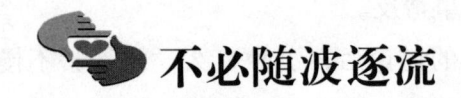

不必随波逐流

青少年在成长道路上，会遭遇许多不同的意见，而这个时候就需要我们发挥逆向思维，坚持自己的个性与信念不动摇，不做大多数。

第三章 做一条反向游泳的鱼：逆向思维

人出生时大抵都有自己的个性，或单纯，或沉默，或张扬，各有各的特色，是区别于其他人的显著之处。但随着年龄的增长，慢慢地融入社会，自己的独特之处开始一点点磨蚀、消损，到最后，终于无可奈何地成为大多数中的一位。大多数者就是宽泛的态度秉承者，大家都折中地认为应该这样，这样是可以接受的，只有这样才不至于被诋毁、被漫骂。但是，这只有使世上又多了一个平庸者。回想历史，那些成就显赫的成功者，无一是坚持自己个性的"叛逆者"。

世人皆知的科学家贝尔曾想：既然文字可以用导线传送，为什么声音就不能传送呢？他兴致勃勃地把自己的想法告诉了几位电学界人士，谁知却遭到了冷遇。有的一笑置之："小伙子存此幻想，实在是因缺乏电学知识。你只要多读两本《电学入门》，就不会有导线传递音波的狂想。"有的还挖苦、嘲讽他："电线怎能传递声音？天大的笑话……正常人的胆囊是附在肝脏上的，你的身体却长在胆囊里，少见，实在少见！"贝尔并没有因此而气馁，他经过3年多艰苦卓绝的努力，终于使神话中的"顺风耳"首次变成了现实。

在门捷列夫发现化学元素周期律的前3年，青年化学家纽兰兹，也曾在英国化学学会上指出：元素按原子量依序排列，会出现相同的物理、化学性质，结果引起会场上的哄堂大笑。

俗话说："众口铄金，积毁销骨。"能在无数人的否定中肯定自我的人又怎能不杰出？"三人成虎"，能在无数人的打击中昂然挺立、坚持自己，逆其他人的眼光与评论而上，这样的人又怎能不有所成就？

蒸汽机发明以后，人们都在试验用蒸汽机代替人力或风力航行。富尔顿是美国贫苦农民的儿子，喜欢设计制造轮船，20多岁时，设想造出高速度航行的轮船。经过9年的试验，造出"克莱蒙特"号，准备下水试航。在这以前，由于试验屡次失败，人们都不相信这次试验航行会获得成功，还把这艘船叫作"富尔顿的蠢物"。1807年8月17日，"富尔顿的蠢物"出现了。这艘奇怪的船，中间是机器房，安放着一个大蒸汽锅炉。大烟囱正冒着烟，船的两头是客舱。富尔顿亲自操纵机器，机器响了，带动了许多船桨，划着水，轮船前进了。"富尔顿的蠢物"变成了"富尔顿的胜利"。

有时候，流言并不可怕，可怕的是我们因为流言而放弃了自己心中的信念和想法。

倘若哥白尼与伽利略在流言面前，在他们被众人称为傻子的时候，畏惧退缩了，我们今天的科学世界会怎样呢？人们还会知道地球是圆的，地球围绕太阳转动，而不是太阳围绕地球转动吗？今日的科学就是建立在他们始终坚持自己的判断的基础之上的。

倘若哥伦布在整个欧洲的嘲笑与流言面前，放弃了自己的判断，欧洲人要在什么时候才能知道新大陆的存在呢？

倘若费尔德在一条一条的电线在海中被破坏时，在他 12 年的尝试没有结果的时候，听信了他的亲戚所说的他是在浪费财产，将死于贫困，我们还会有今天的海底电缆吗？

倘若富尔顿相信了众人所说的一艘船不能够凭借充分的煤炭穿过海洋，而放弃了自己的判断；倘若贝尔在为电话实验花掉了自己的最后一块钱时听信了众人的话，而放弃了自己的判断；倘若……

青少年朋友应该在这些前人的事迹中学习到这样的道理：坚持自我，不做大多数，不随多数人的眼光与评论而改变。置讥讽与嘲笑于不顾，逆流而上，坚持做那少数中的一员。

第四章

展开想象力的翅膀：形象思维

> 所谓形象思维，主要是运用直观形象和表象解决问题的思维。形象思维，又称为右脑思维，从提升一个人形象思维能力的角度来说，右脑越发达，形象思维越强。这样不仅有助于提高想象力，也有助于运用更有效、更有创意的方法解决问题。

创新需要想象力

爱因斯坦的一生告诉我们：创新需要想象力。我们每个人都拥有不同程度的想象力。任何人只要能成功地运用他的想象力，那么，也就能够成为一位和爱因斯坦一样的天才。

倘若你能正确使用你的想象力，它将协助你把你的成功与失败、正确与错误变成宝贵的资产，也将引导你去发现只有使用想象的人才能知道的真理。即使是生活中的最大逆境和不幸，往往会给你带来幸运的机会，这就要你注意多训练自己的想象力。

比如，几个人一同看天上的云，有人看到的只是一片云，有人看到了一只绵羊，有人则看到一个美女……

画家开始在画布上勾勒出这些图像，作家在作品中描述着他们的感知，演员们则把对事物的感知表演了出来，商人们在梦想中看到了它们——所有这些都是创造性地想象出来的。

锡德·帕纳斯在他的书《优化你的大脑魔力》中提到了一个很不错的练习。他问他的读者们："如果我说 4 是 8 的一半，是吗？"人们回答说："是。"随后他说道："如果我说 0 是 8 的一半，是吗？"经过一段时间思考后，几乎所有的人都同意这一说法（虽然需要花点时间才能明白数字 8 是由两个 0 上下相叠而成的）。然后他又说："如果我说 3 是 8 的一半，是吗？"现在每个人都看到把 8 竖着分为两半，则是两个 3。然后他又说到 2、5、6，甚至 1 都是 8 的一半。你自己试试。

每个字母和每个数字都可能具有上百万种形状、大小、颜色和材料！你能想象所有可能的方式吗？电脑让一切很明了：1600 万种颜色和所有的形状；几百亿种可能。

每个事物都可能成为其他所有的事物,你可能很吃惊。但在艺术家看来,每个事物都是其他所有的事物,艺术家的大脑被称为完美的想象性大脑更为合适。高度创造性的大脑是没有逾越不了的障碍的。自由想象是杰出者最好的朋友。杰出人士的想象力就是在每个事物中看到其他所有的事物!这就是为什么杰出人士能看到普通人看不到的实质。

作为青少年的你,要知道如何成功地运用你的想象力,引导自己去开发新鲜的领域与成就。这种想象力往往能发挥重要的作用。人们可以借助逻辑上的变换,从已知推出未知,从现在导出将来。

好想法决定好结果

如果你想更好地培养并训练你的想象力与形象思维,千万不要忽视自己头脑中的"想法",这些"想法"很可能就是你想象的源泉。

1879年,美国著名的科学家爱迪生发明了白炽灯,结束了人类"黑暗"的历史。人们在欢呼、庆祝这一伟大发明的时候,富有远见的科学家已经看到了白炽灯明显的不足之处:它只利用了电能的10%—20%,其余的80%—90%的电能以热损耗的形式被浪费掉了。

"白炽灯靠电流加热,使热能转换为光能,这种电能利用形式太浪费电能了,能不能开辟一条电能利用的新途径呢?"有的科学家提出了新的想法。

美国的黑维特就是持这种想法的科学家之一。在实验里,他将耐热玻璃制成灯管,抽出灯管内的空气,然后往灯管内充入各种金属和气体,反复进行比较。

1902年,黑维特发明了水银灯。

但是，水银灯会辐射出大量紫外线，而大量的紫外线对人体有害；且水银灯光线太亮、太刺眼，因此它不能得到广泛应用。

早在1852年，英国物理学家斯托克斯发现了一种碰到光就能产生另一种光的荧光物质，并且经过这种荧光物质转换后的光的波长远比外来光的波长要长。

科学家马上联想到水银灯的弊端。

"山重水复疑无路，柳暗花明又一村"，这可是个极有价值的推测，它意味着大量有害的紫外线将变成可见光。

然而，科学家在实际的操作过程中屡屡失败。

经过认真分析与探讨，科学家认定原来的推测没有错，关键问题是技术上没有过关，也就是说，水银灯的启动装置不理想。

1910年，法国科学家克劳特注意到莫尔在1895年做的一个实验。在这个实验中，莫尔在抽掉空气的玻璃灯管中充入少量的二氧化碳，然后给以高压，使它放电，结果灯管发出白光。克劳特根据莫尔的实验，在抽掉空气的玻璃灯管中分别充入氖、氩、氦等惰性气体。他发现，充入氖气，灯管会发出红橙色的光；充入氖和氩的混合气，灯管会发出蓝色的光；充入氖和水银的混合气，灯管会发出绿色的光；充入氦气，灯管会发出金黄色的光。如果在管内壁涂不同荧光物质，灯光的色彩将更丰富。

"这是多么奇妙的现象啊！"克劳特惊喜万分。

克劳特根据这种灯光的特殊性能，制作了一幅宣传广告：红色的花朵，绿色的叶子，黄色的文字。他把这个广告挂在法国巴黎的闹市区。在夜晚，这张广告发出五彩缤纷的灯光，显得格外醒目。

克劳特获得了霓虹灯的发明专利，并成立了"克劳特霓虹灯公司"，结果发了大财。直到1932年，克劳特专利权到期，世界各地才开始广泛生产霓虹灯。

爱迪生发明的白炽灯，是人类照明史上划时代的发明。白炽灯的光芒也吸引了无数发明者的目光，大家围绕着白炽灯产生了形形色色的想法。黑维特看到了白炽灯"浪费电能"的缺点，发明了水银灯；莫尔看到了水银灯的缺陷，产生了新想法；克劳特根据新想法发明了霓虹灯。我们注意到：上述灯具的发明都是靠发明家某种"想法"推动的。"想法"不是天上掉下来的，它来源于发明家、科学家审慎的思考。"想法"是向导，引领着发明确定方向。一种"想法"，一种选择，一种结局。围绕着白炽灯的改进性发明，有"想法"的人不只上面提到的3人，也不仅仅就这3种"想法"，只因这些想法切合了他们每人发明的实际，导向正确，所以，他们取得了各自的成就。

"想法"是火种、是方向，切莫忽视自己头脑中各类发明的念头、想法啊！

不断开阔我们的视野

展开想象、利用想象不仅可以培养我们的形象思维，而且可以探索新知。

比尔22岁时，是南加利福尼亚大学的一名贸易专业的学生。两个学期后，比尔认识到自己不想做一名企业家而想做一个会计，于是，他想到南加利福尼亚大学会计专业学习。

要想转换专业，并非一件易事。办公室主任通知比尔说："你以前在学校的平均成绩不够高，而且没有空余的位置。"

比尔非常想学会计专业，但学校的制度将他拒之门外，他只有创造性地找到其他的、不是传统的途径来实现自己的梦想。在经过认真考虑之后，比尔制定了这样的策略：自己通过冲击选修所有会计专业的课程，即使自己不是个注册的学生，也可以参加他们的授课，包括参加每门课程的第一堂课。几个星期过后，当有学生决定放弃这个专业的学习时，自己就可以抓住机会填补那个空缺。

两年间，比尔学习了会计专业所有的7门课程并拿到了学分。最后一个学期，比尔去见主任，出示了他的成绩册，并解释了自己如何做到这一切的。比尔问他："虽然我没有被正式接受，但我是否可以毕业于这个专业？"主任感到非常吃惊，同时很感动。"在我看来，你将来一定是个非常优秀的会计。"主任说，"我已经被你深深地震撼了，如今我无话可说，也找不出任何理由来拒绝你的申请。"

那年春天，比尔从南加利福尼亚大学会计专业毕业了，并得到了学位证书。

想象不仅能帮助人们扬弃事物的主要、次要方面，而且能帮助人们抓住事物的重要本质特征，并在大脑中把这些特征组合成整体形象，从而探索到新的知识。知识创新需要有卓越的想象力，与计算机相比，想象力是人脑的优势。在逻辑中难以推导出新知识、新发明的地方，想象力能以超常规形式为我们提供全新的目标形象，从而为揭示事物的本质特征提供重要思路或有益线索，为我们开拓出全新的思维天地。

运用想象力探索新知识，首先要善于提出新假说。创造性想象对于提出科学假说具有重要作用。恩格斯说："只要自然科学在思维着，它的发展形式就是假说。"科学知识的一般形成法则可以表达为一个公式：问题—假说—规律（理论）。即，最初总是从发现问题开始的。然后，根据观察实验得来的事实材料提出科学的假说，假说经过实践检验得到确证以后，就上升为规律或者理论。

从文学角度来看，知识可以使我们明察现在，丰富的想象力则可以使我们拥有开拓未来、探索新知识的能力。想象能开阔我们的视野，使我们洞察到前所未有的新天地。想象是直觉的延伸与深化，卓越的想象力更有助于人们揭示未知事物的本质。

第五章

思维中的电光石火：灵感思维

> 灵感，也称顿悟，它是人类创造性活动中一种复杂的心理现象和精神现象，常具有瞬间突发性与偶然巧合性的特征。灵感是知识、信息等要素，经过大脑潜意识思维激活后，瞬间产生出目标所需的答案信息，并由潜意识向显意识闪电式飞跃的高能创新思维。

稍纵即逝的绝妙方案

人在困境中常常急中生智，触发灵感，因此，重视灵感的闪现，就要学会在困境中迅速抓住脑海中的想法。

有一年的国际名酒博览会中，第一次展出了中国名酒茅台。那时，茅台酒虽然在中国享有盛名，但在国际上还是一个无名小卒。

展出的名酒都有美丽高级的包装，茅台酒却因为没有好看的包装，而很少有人问津。

展览会眼看就要结束了，经过展示摊位的来宾，却都是看一眼就匆匆地离开，负责展示的人员因为无法向上级交差，个个心急如焚，不知如何是好。

这时，一位工作人员灵机一动，"失手"打破了一瓶茅台酒，场内立刻香气四溢，许多来宾闻香而来，没多长时间，摊位上就集聚了大批观众。

展览会结束了，中国酒厂接到大批订单。从此茅台酒在国际上就有了知名度。

人们常常身处困境，而灵感往往在困境中触发。

有一位画家，在一座建筑的顶壁画一幅巨画。

画完之后，他站在架高的平台上，欣赏着自己的杰作。由于这幅画太大了，他不得不往后退来观赏。

他在不知不觉中一步一步地向后退，双眼一动不动地盯着巨画，嘴角漾起了满意的笑容。但此时他已退到了平台的最边缘，只要再退一步，就会掉下万丈高楼。

在这千钧一发之际，画家的助手冲到壁画前，迅速拿起画笔，往壁画上毫无章法地乱涂一番，壁画霎时被涂得一塌糊涂。

画家目睹此景，气得脸色发青，跳向前来，正想兴师问罪之际，却发现助手已面色苍白，用颤抖的手指着平台边缘，说不出一句话来。

画家这才如梦初醒，泪流满面，紧紧地将助手抱进怀中。

对于一个处于痴迷状态的人，你的呼喊、你的动作都不能引起他的注意，只有破坏他所关注的事物，才能使他清醒过来。

捕捉灵感创新思维的火花，就像"一下子抓住两只鸟"需要用"抓拍"的方法一样，更需要快速"抓拍"能力。

灵感的瞬间爆发是长期艰苦探索、长期思考酝酿的结果，从灵感产生的过程来看，灵感的酝酿往往有一个因人而异、长短不一的潜伏期。但是，它的出现又是快速的，稍纵即逝，即在百思不得其解之后突然悟出一个问题的绝妙答案或解决方案，即在困境中生发出的灵感也是稍纵即逝的。因此，要求我们必须具备快速抓住灵感的能力。

直觉也是长期积累所得

杰出人士之所以杰出，是在面对别人也能遇到的启示时，他们能捕捉到灵感的火花，别人却依旧茫然。

人们总认为只有诗人、发明家等才具有创造性的灵感，其实，在做每一件事时，我们的灵感都是创造性的。其中的原因在哪儿？历代的伟大思想家都无法解答，但他们都承认这一事实，而且能善加利用。灵感这种天赋，是人类活动的最大源泉，也是人类进步的主要动力。毁坏了这种天赋，人类将停滞在野蛮的状态中。

灵感与人的直觉是密不可分的，直觉是人的先天能力，往往可以成为创意的源泉。现实生活中，很多人其实正是靠直觉处理事情的。

很多时候人都会有预感，只是我们时常忽视它，或把它当作非理性的无用之物。

直觉较为丰富的人应具有以下特点：相信有超感应这回事；曾有过事前预测某事的经验；碰到重大问题，内心会有强烈的触动，所做成的事大都是凭感觉做的；早在别人发现问题前就觉得该问题存在；曾有过心灵感应的事；曾梦到问题的解决办法；总是很幸运地做成看似不可能的事；在大家都支持一个观念时，能够持反对意见又找不到原因；如此等等。

化学家固特异就是一位直觉能力很强的人。一天，他在实验室中同往常一样在努力做实验，不小心将实验用的橡胶掉到桌下的硫黄上。他遗憾地叹道："花了好大的劲，白搭了。"于是他一边发牢骚，一边尽力清除粘在橡胶上的硫黄。但硫黄已渗入橡胶内部，很难除掉。固特异想"干脆扔掉算了"，又觉得好不容易做出来的东西弃之可惜，就随手放到桌边，碰巧桌旁的炉火烧得正旺。"今天算白干了！"沮丧的固特异说。然而，他无意中摸了一下放在桌边的橡胶，这一摸让他大吃一惊，橡胶居然有了前所未有的弹性。他的直觉告诉他，这件事具有重大意义。于是他冷静下来，用两手把橡胶拉长，橡胶的异常特性使他更为吃惊，即使用两手拉也拉不断。相比之下，以前的橡胶最多如同年糕，一用力拉就断裂。就这样，一种前所未有的具有优异弹性的橡胶发明出来了。

其实，直觉这种思维现象并不神秘，更不偶然。表面看来，直觉似乎是"偶然所得"，其实是"长期积累"的必然结果。由于长期研究、思考某一问题，搜集了大量资料，做了无数次的实验，付出了辛勤的劳动，使得大脑因疲乏而处于抑制状态，思维变得迟钝。这时，如果放松一下，让大脑得到适当的休息和调整，把注意力转移一下，大脑就会重新处于兴奋状态，思维活动就能格外敏捷，就有可能豁然开朗、恍然大悟，产生认识上的突破和飞跃。我们要善于捕捉直觉，当灵感闪现时及时抓住，将灵感和直觉带来的启示变为现实，为我们所用。

好记性不如烂笔头

灵感即来即去，如果不马上记下就会随风而逝，所以我们应准备好纸笔，养成随时记录的习惯。

古时有位诗人，在寒冬之时，见到地上一望无际的白雪，洁亮晶莹，遂有写诗的兴致，但是他没有立刻写出，他觉得现在时机尚未成熟，所以他自道："吾将诗兴置于雪！"

这位诗人将诗兴埋了几个月，仍然一个字都没有写出来。等到春暖花开时，雪也被太阳融尽了，诗人也没有了写诗的灵感，便自叹道："只怨烈日误我诗！"

佛教曾说我们有眼、耳、鼻、口、舌、身六意，意思是指我们每天会有许多的念头起伏，就像海中的泡沫一样。一个破灭时，另一个又会升起。灵感出现的状况也是如此，有如电动玩具中的打地鼠游戏，无时无刻会在我们心中浮现，要是我们不能立刻记下，也许就会像那位诗人，从下雪到雪融，任凭灵感消失。

所以我们应该培养记录灵感的习惯，只要有点子出现，就该立刻记下，这些最原始的想法，经过日积月累之后，就会变成我们创意的资料库。像台湾知名创作歌手陈升，就有随手记下自己心情的习惯，即使是几个突然想到的旋律。陈升自己还透露，他曾经为了抄下几个绝佳的和弦，差点在十字路口被车撞，由此可见他是多么在乎随机产生的灵感。

既然你已经注意到了灵感是这么容易消逝，也开始了灵感思考，下面该做的就是准确地把想到的灵感记录下来，否则就会像大多数人一样，还没开始执行就忘光了。你是否有这样的经历，早晨一醒来就冒出一个好点子，等你到了教室或办公室，却怎么也想不起来这点子是什么了。许多灵感是与周围环境息息相关的，一旦环境改变了，灵感也就不见了，所以要养成随手记录的好习惯。以下是一些记录创意常用的方法：

（1）在床头或厨房里放一叠便笺。

（2）在浴室里放一支笔。

（3）在车里放一部小型录音机。

（4）随时在口袋里准备着笔记本或便笺。

（5）把点子记在每日必看的电视节目单上。

（6）用增进记忆的方法——以图画表述点子的主旨。

（7）马上给自己打录音电话。

（8）一时找不到纸就记在手腕上。

（9）一定要随身带笔，如果忘了，就要开动脑筋，例如利用沙滩上的沙、浴室镜子上的雾、仪表盘上的积灰……

错失了灵感就错失了机遇

产生灵感的一刹那，不仅需要我们将它记录在心，还要付诸行动让它变为现实，为我们带来成功的机遇。

威廉·詹姆斯说，灵感的每一次闪烁和启示，都让它像气体一样溜掉而毫无踪迹，这比丧失机遇还要糟，因为它在无形中阻断激情喷发的正常渠道。如此一来，人类将无法聚起一股坚定而快速应变的力量以对付生活中的突变。

我们的精神世界有两种本质的力量。一种是在严酷而缜密的逻辑思维引导下艰苦工作，另一种是在突发、热烈的灵感激励下立即行动。

第五章　思维中的电光石火：灵感思维

当可能改变命运的灵感在正常工作中喷发时，绝大多数人习惯于将它窒息，尔后回到原来的生活常轨：什么时候该做什么照常做什么。我们并没有意识到，内在的冲动是人类潜意识通向客观世界的直达快车。

一个人靠灵感从事，未必就是轻狂。相反，怯懦的灵魂总是步步退却，唯恐灵感将他引向谬误。然而，要知道，错误是不可避免的——不管我们采取何种方式，我们注定要犯错误。

历史上，某些最严重的错误多半来自谨小慎微的决定而不是一时冲动。

以周密的谋划来掩饰自己的不行动，甚至比由衷的一时冲动还要谬误，它首先使人变得日益麻木。

在采取关键性步骤之前，不少人体验到犹豫彷徨的痛苦，此时内心深陷在自我辩驳与争执中，而越是深思，我们陷得越深。灵感与纷至沓来的思绪互相僵持、抵消，直到神经焦灼得失去明断为止。作为潜意识对环境的应急反应，激灵的行为本可以替你排忧解难，最本质的冲动倒有可能是正确的。

有一位作家，一次他打算全身心投入一部著作中，但是他无意中瞥见了一则关于"安全驾驶的十条要诀"的征文竞赛启事，这启事像投向他心灵窗户的一道光，因为他对交通与驾驶素有留心。他搁下手头的著作，以便转向图书馆去做进一步的研究。他写下了250个字，这个刹那间的灵感带给他2.5万美元的奖金，而那部暂时搁置后继续完成的著作最终只给他带来600美元的收益。

成功人士的生涯无不充满此类标志着命运转机的戏剧性情节。

真正的灵感是明智的，它引导我们走向成功，因为它揭示了潜意识中最本质的心灵趋向。所有的人都有一种难以抑制的自我实现的冲动，我们知道自己要做个什么样的人——因为灵感会暗示——哪怕它久废不用。

而最有害的莫过于另一种处世哲学——这哲学可以归结为一句虚

弱、摇摆不定的箴言："很好，让我们好好考虑。"那些钟情于这种哲学的人将失去生活带来的兴奋与刹那间"历险"的微妙感受，最终走向麻木不仁。

　　许多人就是在犹豫不决与踌躇中错失了机遇，灵感也是如此，错过了灵感，也就错失了灵感带来的机遇。

第六章

方案是丰富多彩的：辩证思维

> 辩证思维是一种全面地、联系地、发展地看问题的方式，是唯物辩证法在思维中的运用，也是人们遵循辩证法的规律来进行思索的过程。辩证的思考方式是人们正确认识客观现实的重要途径。青少年只有对问题对象进行辩证的思考，才能认识其本质和发展规律，把握客观真理，从而更正自己片面的思想，确定自己的生活道路，正确指导自己的行动。

辩证看待，才会有缤纷的世界

寻找新方案最好的方法，是得到大量的方案，绝不要在刚找到第一种正确答案时就止步，而要继续寻找其他的答案。辩证思维不会只钟爱一种答案，因为这千变万化的世界无奇不有，而理想的答案永远不可能只有一个。

如果你钟爱一种方案，你就看不到其他方案的长处，因而会失去许多机会。生活的最大乐趣之一，就是能够不断地从过去珍爱的思想中走出来，这样，你才有可能非常自由地寻找新的天地。

高考作文题几乎年年都引人注目。有一年的题目是：在一个创新会议上，一位科学家画了圆形、三角形、半圆形和弯月形4种图形，要求从中找出一个最有特点的。最后的答案是：选择其中任何一个图形都是正确的，因为相对于其他3个，它们之中的每一个都"最有特点"。考生要根据这个故事，结合自己的理想、经历，以"答案是丰富多彩的"为题写一篇文章。高考作文谜底一揭开，美籍华人、教育家黄全愈博士立即成为全国众多媒体关注的焦点，原因是6月份黄博士在南京以"素质教育在美国"为主题的演讲中，曾多次以"事物正确答案不止一个"为内容组织现场讨论，只不过举例中4种不同的图形变成了4种不同的动物。黄博士认为，与高考撞题纯属巧合，但巧合的背后说明素质教育观念逐渐深入人心。他说，之所以要告诉人们事物的正确答案往往不止一个，关键的目的在于要培养学生拥有自己的观点。

正如黄博士所说，正确的答案不止一个，它告诉我们每个人培养辩证思维，不断挖掘新的答案有多么重要。正确的答案不止一个，永远不要只钟爱一个方案，这个世界落英缤纷、五彩斑斓，每个人都有不同的价值，每个事物都有不同的属性，辩证地看待，才会创造出缤纷的世界。

寻找新方案最好的方法，是得到大量的方案，绝不要在刚找到第一种正确答案时就止步，而要继续寻找其他的答案。比如怎样才能消除鱼的腥味？当然可以刚捕上来就收拾下锅，也可以熏香，还可以捂住鼻子，等等。

我国有一位特级教师，成为某校校长后，多年来坚持"创意管理"，其核心内容，就是针对不同学生的特点，寻找不同的教育方法，有的放矢，对症下药。同样是规劝违规的学生，他主张不要让学生写"检讨书"，而是让学生讲明犯错的真相，写"说明书"。学生们反映：写检讨书越写越恨老师，写说明书时越写越恨自己。在和一些有严重违规行为的学生谈话时，这位校长也采用过多种方法，其中一种是让学生坐到校长的椅子上，校长自己则坐在学生本来该坐的位置上。

为什么校长要采用这样一种形式呢？

校长认为，这样做，可以想象自己假如是这位学生会怎么考虑，而学生可以想象自己假如是校长会怎么处理。这样，就能使犯错的学生更好地反省自己的过失。

培养辩证思维，不要只钟爱一种方案的本质，除了遇事要选择多种方案，还要追求最佳方案。

在缺陷之处找到改进契机

当你有不满时，不要只顾发泄情绪，要认识到这是改造现状、开发新天地的大好契机。化不满为创新，成功女神就会青睐于你。

加藤信三是日本狮王牙刷公司的小职员。和每一个辛勤的打工族一样，尽管每天晚上加班加点，很晚回家休息，尽管头晕目眩，还想好好地睡上一觉,但是早上他必须立刻起床,赶到公司去上早班。起床后,他匆匆忙忙地洗脸、刷牙,哪知越忙越出麻烦:牙龈被刷出血来!加藤信三不由怒火中烧,将牙刷狠狠地摔在地上,因为刷牙时牙龈出血的情况以前已经发生过好几次了。情绪不好的他怀着一肚子牢骚和不满冲出了家门。

作为一个牙刷公司的职员,数次刷牙牙龈出血,加藤的火气越来越大了。他怒气冲冲地朝公司走去,准备向有关技术部门发一通牢骚。

走进公司大门时,他的脚步不由自主地放慢了。加藤信三想起参加公司组织的管理科学学习班时,管理科学中有一条名言令他记忆犹新,这条名言说:"当你遇有不满情绪时,要认识到正有无穷无尽的新天地等待你去开发。"

当他渐渐地平息了怒火之后,和同事们想出了许多解决牙龈出血的好办法。他们提出了改变刷毛的质地、改造牙刷的造型、重新设计刷毛的排列等各种改进方案。大家商定后对此逐一进行试验。试验中加藤发现了一个为常人所忽略的细节:他在放大镜下看到,牙刷毛的顶端由于机器切割,都呈锐利的直角。"如果通过一道工序,把这些直角都挫成圆角,那么问题不就迎刃而解了吗?"同事们对此都表示赞同。经过多次实验后,加藤和同事们把成功的结果正式向公司提出。公司很乐意改进自己的产品,迅速投入资金,把全部牙刷毛的顶端改成了圆角。

改进后的狮王牌牙刷很快受到了广大顾客的青睐。公司的效益因此迅速增加,对公司作出巨大贡献的加藤从普通职员晋升为科长,十几年后登上了公司董事长的宝座。

加藤的"幸运"来自于在不满中起步,在不满中改进。所以,从某种程度上来讲,不满是发现的第一步,是进步的源泉,是拥抱希望的契机。

人生之路,充满荆棘与坎坷,当然也有苦尽甘来的成功与喜悦。失败与成功相伴,坎坷与坦途并存,善于辩证地对待困境与不满,在不满中起步,是青少年应该培养的一种正确的人生思维。

第七章

发现事物间微妙的联系：联想思维

> 人们知识的获得、经验的积累、对事物理解的生成都是联想的形成。普通心理学认为，联想就是由一事物想到另一事物的心理现象，想象力是创新的翅膀，我们生活中许多发明创造都来自于人们的联想。

举一反三的思维活动

什么是联想思维,看了下面的两个例子你就会明白。

我国春秋时期的能工巧匠鲁班,有一次上山伐木时,手被路旁的一棵野草划破,鲜血直流。

为什么野草能划破皮肉呢?他仔细观察了野草之后,发现其叶片的两边长有许多小细齿。他想,如果用铁条做成带小齿的工具,是否也可将树划破呢?

顺着这个思路往下走,锯子被发明出来了。

1941年,工程师乔治·达·米路在森林中打猎时,他的衣服被种子芒刺粘满,同时,他的猎犬也因粘了一身同样的种子芒刺而叫个不停。

乔治深感好奇:为什么这微小的芒刺竟可以紧贴在衣服和动物的毛皮上而难以甩掉呢?这个问题困扰了他一路。回到家,他着手用显微镜来观察这些刺。

在显微镜下,他发现这些种子的壳上有很多细小的钩,这些细小的钩能够紧扣衣服纤维,产生很强的粘贴力。根据这种原理,他发明了魔术贴。

你是否经常在看到一件东西时,就会想到另一件东西?例如,由"速度"这个概念,你的头脑中会闪现出呼啸而过的飞机、奔驰的列车、自由下落的重物等,随之还会产生"战争""爆炸""粉碎"等一系列其他形象。没错,这就是联想。

上文中鲁班与乔治的事例都是属于联想思维。它是若干对象之间一种微妙的关系,是一种由此及彼、举一反三的思维活动,是人们在认识事物的过程中，根据事物之间的某种联系，由一事物想到另一相关事物的心理过程。

但人们有按一成不变的常规思维进行活动的天性，正是这种天性和这种常规思维扼杀了想象力，使我们丧失了创造力，更不要说把普通的事情做得精彩，把平凡的事情做得非凡了。这就需要我们培养和重视运用由此及彼的联想式思维，突破常规思维的束缚。

要培养联想思维，最重要的，不是想着如何去与众不同，而是应该从身边的小事做起，从最细微之处培养自己打破常规的能力。比如，你发现熟悉的道路有不同的走法，熟悉的菜肴有不同的做法，每天都看的晚报有新的信息……你就会慢慢发现，你的眼光变得与众不同，能够发现别人的眼睛看不到的潜在可能性，能够走一条不同于常人的路。

打破束缚，放开联想

我们观察事物，是从某个视角出发，形成对该事物的概念或印象。多运用联想思维，改变观察的视点，将会带来新的看法，赋予事物新的意义，这种新意义中往往隐藏着成功的机会。

苏东坡到杭州任地方官的时候，西湖早已名不副实了：长年累月的泥沙越积越多，碧波荡漾的西湖成了"大泥坑"。

苏东坡对此黯然神伤。随后多次巡视西湖，反复思考如何加以疏浚，使往日风光秀美的西湖重现迷人的风采。

几次巡视后，他发现最棘手的是从湖里清除的大量淤泥无处存放。有一天他忽然想到，西湖有30里长，要环湖走一圈，恐怕一天也走不完。如果把湖里挖上来的淤泥堆成一条贯通南北的长堤，既清除了淤泥，又方便了游人，不是很好的办法吗？这时他又联想到，挖掉了淤泥之后，可以招募附近的农民来此种麦，种麦所获的收益，反过来可作为整治西湖的资金。这样疏浚西湖有了钱，挖出来的淤泥有了去处，西湖附近的农民多了收益，西湖不仅有了一条贯穿南北的通道，便利了来往的游客，而且能增添西湖的美景。

苏大学士运用丰富的联想解决了问题，实在令人佩服。

联想有不同的表现形式。

由大海想到轮船，由战争想到武器，说到北京就会想起故宫、天安门，说到加拿大就会想到美国……这样的联想都来自事物空间上的接近。

"叶落而知秋至"，这是由于时间上的接近而产生的联想。

由一个事物联想到另一个在空间上或时间上与之相近的事物，常常能启发思考，扩展思路，拓宽视野。

联想在创造性思考中具有开拓思路和启迪思维的引导作用。借助联想，人们可以突破感官的限制，扩大感知认识领域，把以前认识过的事物与所要创造的新事物相联系，使认识变得更加丰富。科学界的许多发明创造就是源于联想思维的运用。

一天，一名叫邓禄普的英国医生看到儿子在鹅卵石路上骑自行车，颠簸得很厉害，很为儿子担心。当时自行车的轮胎是"实心"的，人在不平的路上骑车，常被颠得全身疼痛，自行车被人们戏称为"震骨器"。一个偶然的机会，邓禄普在院子里浇花，感到手里的橡胶水管很有弹性，他立刻联想到自行车轮胎，于是，邓禄普用橡胶水管制出了第一个充气轮胎。

不要把联想思维想得很复杂或很困难。人在很多时候，都在自缚手脚，实际上清新、简单的好主意同样能带来意想不到的效果。头脑以及头脑中的想法是每个人自己的财富，是我们在这个世界上唯一能够绝对控制的东西。不要让头脑成为一个好看的"摆设"，积极乐观地看问题，在某一基点上巧妙联想，你同样可以做到优秀。

第八章

不要盲目从众：质疑思维

> 质疑思维就是勇于提出问题，勇于向权威挑战。质疑思维不受传统理论的束缚，不迷信书本和专家权威，也不盲目从众。质疑思维要求我们在思考、处理问题时，通过对现在和过去的事情的质疑，或不断的追问来寻求问题的准确答案。

提出问题比解决问题更重要

提出一个问题远比解决一个问题更重要,我们要善于提问。只有提出问题,才能寻找解决问题的方法。

史坦尼斯洛是一个犹太人,他被法西斯纳粹分子关进死亡集中营。他亲眼目睹他的家人和朋友在这个集中营里一个个死去,他决定要逃离集中营。

于是他问其他人:"有什么方法可以让我们逃出这个可怕的地方?"

尽管别人的回答总是:"别傻了,不可能的。"

他却一直在思索这个问题。他问自己:"今天,我得怎么做才能平平安安逃出这个鬼地方呢?"他每天围绕这个问题去找方法。

终于,他想到了办法,那就是借助死尸逃走。在他做工的地方就有运尸车,里面有男人、女人的尸体,个个被剥光衣服。

这时他又问自己:"我得如何利用这个机会脱逃呢?"

很快,他找到了答案。大家收工忙乱之极,他趁机躲在卡车之后,脱下衣服,以飞快的速度,赤条条地趴在死尸堆里,他装得跟死人一样,一动也不动。最后,他躲在尸堆里逃出了集中营。

在集中营里丧命的人不计其数,可史坦尼斯洛活下来了。原因有很多,可最重要的是他提出了"怎样才能活下来"这个问题。

我们在赞扬某个人知识丰富的时候,总习惯于说他很有"学问"。"学问"二字,就是既要有"学",也要有"问"。有学,便是有学识;会问,则说明他能够理清知识的线索,抓住关键,也说明他具有旺盛的求知欲,自然能够促进自己的"学"。可见"问"是学习过程中一个重要的、必不可少的环节。因此,清代学者陈献总结说:"学贵有疑。

小疑则小进,大疑则大进。疑者,觉悟之机也。"而大科学家爱因斯坦对会提问的评价更高:"提出一个问题远比解决一个问题更重要。"

一个人在孩提时代总保持着对客观世界的好奇心,在这个丰富多彩的世界里,他们对眼前的所见所闻都会觉得是新鲜的,时时充满着惊奇,于是,好问成了孩子们的天性。青少年这种旺盛的求知欲和好奇心,是他们勃勃生命力的表现,是打开知识宝库的金钥匙,也是一个创造型人才必须具备的品格。

如果养成不懂、不会,也不问的习惯,就会使自己所学知识的漏洞和薄弱环节日积月累,而到了考试时,往往就感觉到困难重重,无从下手。因此,学会对不知的东西打破砂锅问到底是一种学习能力,也是一种质疑思维。

善于提出问题体现一个人的质疑思维。一个人在学习过程中能主动提出问题,首先说明他脑子里装着功课,装着知识,同时不满足于已有的知识,总是对那些未知的领域保持高度的兴趣与警觉。这只有具备质疑思维的青少年才能做到;相反,缺少质疑思维的人,通常提不出自己的问题。因此,学会提问题是培养质疑思维的关键。

不仅仅是学习过程中,搞科学研究也要善于提问,能够提出富有启发性的问题往往意味着发明创造的开始,这是科学研究的规律。任何问题都召唤解答,解答的过程常常是提出创见的过程。一个科学问题的提出,体现出发问者运用已懂得的知识,从某个特定或新颖的角度上思考对象,探索未知的世界。瓦特发明蒸汽机,便是从他对蒸汽为什么能顶开壶盖的发问开始;牛顿的万有引力定律起于他对苹果落地现象的追问。正因为如此,爱因斯坦才会把提问看得比解答更重要。

打开一切科学大门的钥匙是"问号",疑而后问、问而后知,善于发问才是学习的正确态度,因此,青少年朋友要培养质疑思维,就首先要善于发问。

解放思想，大胆质疑

质疑，是人类创新的出发点，创新常常从"问号"起步。一个个不平凡的问号，为人们画出一条条创新成功的起跑线。因此，质疑思维中孕育着创新和突破。

世上少不了权威，因为人们需要导师、顾问与教练。尊重各个领域的权威是理所当然的，但迷信权威不可取，因为这种心态会扼杀青少年的创新精神。

我们需要有质疑权威的勇气与智慧。在科技创新世界里，质疑权威而导致重大科学发现的例子举不胜举。

德国数学家须外卡尔特在研究中，质疑欧几里得《几何原理》中的一条定理：三角形内角之和等于 180 度。两千多年中，人们一直以为这是天经地义的定理，科学家对这一定理的真理性更是深信不疑。他的这一质疑推动了数学的一次突变。德国数学家黎曼从须外卡尔特的思路中得到启发，使非欧几何破土而出。黎曼指出，欧几里得几何并不是在所有空间都适用，例如在球面上，三角形的内角和就大于 180 度。

如果缺少对权威的质疑精神，黎曼只能默默接受欧几里得的定理，也就不会有几何学的又一次突破。而我们常常在权威面前不知所措，不敢相信自己，更谈不上对权威进行质疑。

有一次，大哲学家罗素来中国讲学，台下多数是研究部门的学者。罗素首先在黑板上写了一个问题：$2+2=$？接着向听众征求答案。

会场上静静无声，台下的学者们暗暗琢磨：这绝不是简单的算术题……

尽管罗素一再希望有人将答案告诉他，但仍无人敢贸然作答。当罗素请前排一位先生说说自己的答案时，这位先生支支吾吾声称自己尚未考虑成熟。

罗素见状笑着说："二加二就等于四嘛！"

这一逸闻，幽默地告诫人们：过于崇拜权威会使人思想僵化。在权威面前连简单的事实也不敢承认，哪里还谈得上质疑权威、开拓创新？

许多经验一再告诉我们：敢于质疑权威的某些观点或理论，实乃难能可贵的品质。而质疑权威的精神不只是科学家才具有的素质，广大青少年也要大胆解放思想，大胆质疑。

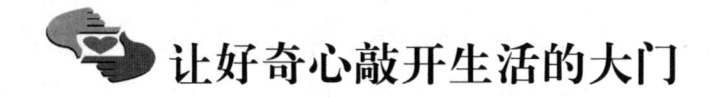

让好奇心敲开生活的大门

漫天飞舞的种种常识定理、经验、说教，把人的好奇心逼进狭小的世界里。其实，有许多东西并非如此，只要你保护好孩提时代的好奇心，最终也会步入成功的大门。

有这样一则故事与大家分享。

一位母亲盼星星盼月亮只盼自己的孩子能够成才。

一天，她带着5岁的孩子找到一位著名的化学家，想了解这位大人物是如何踏上成才之路的。知道来意后，化学家没有向她历数自己的奋斗经历和成才经验，而是要求她们随他一起去实验室。来到实验室，化学家将一瓶黄色的溶液放在孩子面前。

孩子好奇地看着它，显得既兴奋又不知所措，过了一会儿，终于试探性地将手伸向瓶子。这时，他的背后传来了一声急切的断喝，母亲快步走到孩子旁边，孩子吓得赶忙缩回了手。

化学家哈哈笑了起来，对孩子的母亲说："我已经回答你的问题了。"母亲疑惑地望了望化学家。化学家漫不经心地将自己的手放入溶液里，笑着说："其实这不过是一杯染过色的水而已。你的一声呵斥虽出自本能，但也呵斥走了一个天才。"

爱子之心，人皆有之，但爱孩子也要讲究方式，科学正确地引导孩子，保护孩子的好奇心，才是最好的办法。作为青少年，更要保护好自己的好奇心。

要保护好奇心其实很容易，只要记得常常问"为什么""然后呢"，在任何情况下都能派上用场。例如用水彩写生时，当红色和黄色的水彩颜料混合变成绿色时，就问一下自己："怎么会变成绿色呢？"只要养成习惯，就可以保持探索的感觉。好奇心和创造力密不可分，对工作的热忱，可激起潜在的创造力，竭尽全力达到目标。

有些喜欢看日剧，崇拜里面的偶像明星，为了要了解这些俊男美女的对话，引发了学习日文的动机，最后也变为一个地道的日本通。有生意头脑的人，还会利用日文的优势与对日本的了解，做起流行资讯的生意，让自己的口袋满满。也有许多电脑游戏玩家，最后也变成精通电脑的高手，因为想让游戏玩得顺畅，就要了解电脑的配备结构，想尽办法组装电脑、修理电脑，最后就变成了高手。想要在战略游戏中统一天下，除了熟悉合纵连横的战术，也得兼修内政，多多研究战略思想史。一场游戏，引来一场知识的追寻，不正是好奇心的驱动？

第九章

系统地思考一切：整体思维

> 在现实生活中，不善于进行整体思维就容易遭受挫折或造成损失，而善于着眼于系统就能够获得巨大的成功。整体思维，就是在考虑解决某一问题时，不是把它当作一个孤立的、分割的问题来处理，而是当作一个有机关联的整体来处理。

发明创造的基础

整体思维也叫系统思维,是人们用系统眼光从结构与功能的角度重新审视多样化的世界。

整体思维的核心就是利用前人已有的创新成果进行综合,这种综合,如果出现了前所未闻的新奇效果,当然就成了更新的创造。从某种意义上说,发明创造就是综合的艺术。

整体思维是创造发明的基础,它大量存在于我们周围的生活之中,有材料组合、方法组合、功能组合、单元组合等多种形式。徐悲鸿大师的名作"奔马",运笔狂放、栩栩如生,既有中国水墨画的写意传统,又有西洋油画的透视精髓,它是中国画和油画技法的组合。我们买来的一件件成衣,是衣料、线、扣子等的组合。钢筋混凝土是钢筋和水泥的组合体。集团公司的产生、股份制的形成、连锁店的出现,都是综合的结晶。

美国阿波罗登月计划总指挥韦伯指出:今天的世界上,没有什么东西不是通过综合而创造的。阿波罗庞大的计划中就没有一项新发明的自然科学理论和技术,都是现有技术的运用,关键在于综合。

一些专家说,由综合而创造,是日本技术腾飞的成功之路。例如20世纪60年代,日本从奥地利引进氧气顶吹炼钢技术;从法国引进高炉顶吹重油技术;从美国、苏联引进高炉、高温、高压技术;从西德引进炼钢脱氧技术;从瑞士引进连续铸钢技术,以及从美国引进轧钢技术。他们通过对这6大技术的综合,创造了世界上第一流的钢铁技术,并进一步改进,创造出转炉未燃气回收技术,到70年代转而作为技术专利向国外出口。又比如,闻名世界的日本松下彩色电视机,共

400多项技术，都是世界各国已有的，但经过综合，创造出的彩色电视机却为其他国家所没有。

系统的整体性，是指系统的各要素相互联系、相互作用而产生的一种新的性质和功能。系统的整体性特征告诉我们：整体与要素的关系是辩证统一的。整体离不开要素，但要素只有在整体中才成其为要素。从其性能、地位和作用看，整体起着主导、统帅的作用。因此，我们观察和处理问题时，必须着眼于事物的整体，把整体的功能和效益作为我们认识和解决问题的出发点和归宿。

系统有系统效应。1+1=2，但有时大于2，这就是系统效应。许多自然现象显示：全体大于部分的总和。不同的植物生长在一起，根部会相互缠绕，土质会因此改善，植物比单独生长更为茂盛；两块砖头所能承受的力量大于单独承受力量的总和。比如，两个大企业的联合，它的效应就超过两个大企业，可以顶3个或4个大企业。因为它们的整体效应提高了，力量增强了，而力量是无法用数字来衡量的。

1+1可以大于2，许多综合创造也是整体性思维的运用。整体的优势大于个体，这已是不争的事实。青少年朋友一定要充分学习并利用综合的整体性思维，以使自己更加优秀、杰出。

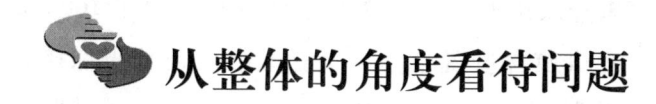

从整体的角度看待问题

要运用好整体思维，就要学会从全局整体把握事物及其进展情况，重视部分与整体的联系，才能很好地从整体上把握事物。

第二次世界大战期间，在伦敦英美后勤司令部的墙上，醒目地写着一首古老的歌谣：

因为一枚铁钉，毁了一只马掌；

因为一只马掌，损了一匹战马；

因为一匹战马，失去一位骑手；

因为一位骑手，输了一次战斗；

因为一次战斗，丢掉一场战役；

因为一场战役，亡了一个帝国。

这一切，全部是一枚马蹄铁钉引起的。

这首歌谣质朴而形象地说明了整体的重要性，精确地点出了要素与系统、部分与整体的关系。

世界上任何事物都可以看成一个系统，系统是普遍存在的。

大至浩渺的宇宙，小至微观的原子，一粒种子、一群蜜蜂、一台机器、一个工厂、一个学会团体……都是系统，整个世界就是系统的集合。

系统论的基本思想方法告诉我们，当我们面对一个问题时，必须将问题当作一个系统，从整体出发看待问题，分析系统的内部关联，研究系统、要素、环境三者的相互关系和变动的规律性。

有一年，稻田里一片金黄，稻浪随风起伏，一派丰收景象。令人奇怪的是，就在这片稻浪中，有一块地的水稻稀稀落落，黄矮瘦小，与大片齐刷刷的田块形成鲜明的对照。

这是怎么回事呢？原来田地的主人急用钱，于是这块面积为25亩的田块被他挖去一尺深的表土，卖给了砖瓦厂，得了1000元。由于表面熟土被挖，有机质含量锐减，今年春上的麦苗长得像锈钉，夏熟麦子收成每亩还不到150斤。水稻栽上后，尽管下足了基肥，施足了化肥，可是水稻长势仍不见好。

有人给他算了一笔账，夏熟麦子少收1000多斤，损失400元，而秋熟大减产已成定局，损失更大。今后即使加倍施用有机肥，要想这块地恢复元气，至少需要5年时间，经济损失至少在2万元以上。这么一算，这块农田的主人叫苦不迭，后悔地说："早知道这样，当初真不应该赚这块良田的黑心钱。"

这位农地主人原本只是用土换钱，并没有看到表土与庄稼之间的关系，本以为是将无用的东西换成金钱，结果却让他失去更多，需要花费更多的钱来弥补自己的损失。这就是缺乏系统眼光和思维的结果。

问题的内部不仅存在关联，与外部环境同样产生作用。我们必须将其分开进行观察，然后将其按照系统的模式来进行分析。

当你学会了系统思维，能够以一个整体的眼光去看问题的时候，就可以更容易地把握和处理问题了。

确立足够科学的目标

制订计划是一种整体思维的体现，如果没有对事情全局上的一种把握与规划，那么等待你的结局大半会是失败。

如果你不再是拥有整整二十几年的时间，而是只有二十几次机会了，那你打算如何利用剩下的这二十几次机会，让它们变得更有价值呢？

你是去听音乐会，或是和家人坐在一起，或是去度假，还是什么安排都可以？许多人心里都没有一个完整的计划，然而，没有计划本身就是一种失败的计划——你正在计划着自己的失败。没有人愿意失败，却在不自觉地把自己推向失败之路。

你并不能保证做对每一件事情，但是你永远有办法去做对最重要的事情，计划就是一个排列优先顺序的办法。优秀的青少年都善于规划他们自己的人生，他们知道自己要实现哪些目标，并且拟订一个详细的计划——把所有要做的事按照优先顺序排列，并按这一顺序来做。当然，有的时候没有办法100%按照计划进行。但是，有了计划，便给一个人提供了做事的优先顺序，让他可以在固定的时间内，完成需要做的事情。

马克·吐温说过:"行动的秘诀,在于把那些庞杂或棘手的任务,分割成一个个简单的小任务,然后从第一个开始下手。"

计划是为了提供一个整体的行动指南,从确立可行的目标,拟定计划并订出执行行动,最后确认出你达到目标之后所能得到的回报。你应该是在未做好第一件事之前,从不考虑去做第二件事,凡事要有计划,有了计划再行动,成功的概率会大幅度提升。

生命图案就是由每一天拼凑而成的,从这样一个角度来看待每一天的生活,在它来临之际,或是在前一天晚上,把自己如何度过这一天的情形在头脑中浏览一遍,然后迎接这一天的到来。有了一天的计划,就能将一个人的注意力集中在"现在"。只要将注意力集中在"现在",那么未来的大目标就会更加清晰,因为未来是被"现在"创造出来的。接受"现在"并打算未来,未来就是在目标的指导下最终创造出来的东西。

这就像盖房子一样。如果有人问你:"你准备什么时候动工,开始盖一栋你想要的房子?"当你在头脑中已经勾勒出整个工程的时候,你就可以立即开始破土动工了。如果你还没有完成对它的规划和勾勒就草率行事,这会是非常愚蠢的举动。

假设你刚刚开始砌砖,有人走上前来说:"你在盖什么呢?"你回答说:"我还没想好。我先把砖铺起来,看看最后能盖出个什么来。"人家会把你看成傻瓜。

一个人只要作出一天的计划、一个月的计划,并坚持原则、按计划行事,那么在时间利用上,他已经开始占据了自己都无法想象的优势。

不论是学习,还是生活,杰出青少年都要重视从整体上把握事情的进展,如果今天没有为明天作好计划,那么明天将无法拥有任何成果!

第十章

递进推理，深入挖掘：纵向思维

> 纵向思维是深入思维，是一种递进推理的思维，同时，是一种互为原因、互为结果的思维方式。它可以引领我们沿着已知的闪光的思路去推知、寻找新的发现与成果。

对事物发展趋势多些预知

将思考对象从纵的发展方向上，依照其各个发展阶段进行思考，从而设想、推断出进一步的发展趋向的思维，叫作纵向思维法。

纵向思维的思维过程一般表现为向纵深发展的特点，即能从一般人认为不值一谈的小事，或无须作进一步探讨的定论中，发现更深一层的被现象掩盖的事物本质。其思维形式的特点为，从现象入手，从一般定论入手，做纵深发展式的剖析。加强纵深思维的训练，有助于思维能力的提高，有助于养成"深入分析问题""透过现象看本质"的良好思维方法。

纵向思维技巧是综观事物的发展历史，立足于事物现有的弊端，研究事物发展的完美方向，是人们对事物当前形态的不满足和新的要求。纵向思维的结果是引起事物的质变，从而在事物发展史上呈现不同的发展阶段。

老希尔顿就是一位善于纵向思考的人。老希尔顿创建希尔顿旅店帝国时，曾指天发誓："我要使每一寸土地都生长出黄金来。"

无疑他是杰出者，杰出人士特有的目光使他从不忽略任何一次生财的机会，任何一寸他所辖的土地都不会休闲静睡。

70年前，希尔顿以700万美元买下华尔道夫—阿斯托里亚大酒店的控制权之后，他以极快的速度接手管理了这家纽约著名的宾馆。一切欣欣向荣，开始进入正常的最佳营运状态。

在所有的经理们都已认为充分利用了一切生财手段、再无遗漏可寻时，希尔顿依旧像园丁一样，一言不发地查找着可能被疏忽闲置的缝隙。

人们注意到，他的脚步时常在酒店前台有所停顿，他的眼光像鹰一样，注视着大厅中央巨大的通天圆柱。当他一次次在这些圆柱周围徘徊时，侍者们都意识到，又有什么旁人意想不到的高招儿闪耀在他的大脑里了。

希尔顿推敲过这些柱子的构造后发现，这4根空心圆柱在建筑结构上没有支撑天花板的力学价值。那么它们存在的意义是什么呢！美观吗？但没有实用价值的装饰，无异于空间的一种浪费。希尔顿最不能容忍的就是一箭只射一雕。

于是，他叫人把它们迅速改造成4个透明玻璃柱，并在其中设置了漂亮的玻璃展箱。这时，这4根圆柱就不仅仅是装饰性的了，在广告竞争激烈的时代，它们便从上到下充满了商业意义。没有几天，纽约那些精明的珠宝商和香水制造厂家便把它们全部包租下来，纷纷把自己琳琅满目的产品摆了进去。而老希尔顿坐享其成，每年都由此净收2.4万美元租金，折合成现在的金额，便是20万美元。

当这些普普通通的柱子明显地转变为种金之地时，希尔顿又到别的地方考察去了。在别人看似面面俱到、滴水不漏的现状中，希尔顿依旧不知足地寻找着生长金子的每一条缝隙。

显而易见，纵向思维法是立足于事物目前的状态，展望事物发展的思维方法。纵向思维常常能够化虚为实，导致事物的质变，进而在事物发展史上呈现出不同的发展阶段。经常按照纵的方向来思考问题，有助于思维向纵深方向发展。

深入思考的妙处

人类最有力的武器就是思考。在每个人的一生中，思考无时无刻不在左右人的行为，影响人的人生轨迹。一个不善于进行理性思考的人，往往就会在行动中失去方向，走上歧途；而只有在深入思考的基础上，我们才能拥有思考带来的益处。

下面还有一个例子可以说明深入思考的妙处：

一位欧洲商人准备到阿拉伯推销地毯。临行时，朋友们纷纷劝阻他。因为众所周知，阿拉伯的地毯业在全球首屈一指，而且畅销全球。他的举动无疑是班门弄斧，注定要失败。

商人偏偏不甘罢休。他带着自己的地毯来到阿拉伯，一开始，正如朋友所料，几乎赔了老本，他却发誓不成功绝不罢休。

商人一面继续四处推销，一面认真观察当地风俗人情。他发现阿拉伯国家的人大多是穆斯林教徒，每天都得跪在地毯上，朝着麦加的方向祷告。

商人突然想到个好主意。他巧妙地设计出一种指针固定指向北方的小罗盘，也就是说无论何时，它的指针都指向圣城麦加的方向，然后，商人将此种小罗盘装在自己的地毯上，专供穆斯林教徒们在祷告时用。

这个小小的创新，不仅使商人销光了所有积压的地毯，而且从此在阿拉伯的地毯市场上占据了一席之地。这便是延伸和深入的运用。

奥里森·马登说过：把梦想变为现实，一定要做三件事。第一，使目标具体化；第二，深入思考；第三，付诸行动。可以说深入思考是保证行动正确的必然前提，是实现目标的重要所在。深入一步就是需要人们拥有丰富的思维方法，只有这样，才能获益多多。

第十章　递进推理，深入挖掘：纵向思维

追根问源，直达核心

　　一段时间内，某个大企业的经营没有任何异常，但其中一个大股东在某一天突然卖掉了持有的该公司所有股票。这个果断撤资的方式在当时企业经营状况较好的情况下，令很多股东感到不解。但奇怪的是，没过多久，这家企业的业绩直线下滑，濒临破产。

　　事后，其他股东问及那位果断撤资的股东，为什么会有这种先知先觉？那位股东说，他在开会时，每次都发现董事长的指甲修得很漂亮，这位管理者把太多的时间放在美甲上，当然不会用更多的时间来经营公司，也不会用更多的时间来考虑股东的权益。

　　日常生活中，我们思考问题、分析问题和解决问题时，一定要透过现象看本质，不要被表面的假象蒙蔽，抓住事物的本质，才能让你无往而不利。就像那位及时撤资的股东，虽然表面上看来，公司的运营正常有序，但是一叶知秋，从董事长修指甲这一细微之处所反映出的本质问题，却被他抓住了，因此果断地作出了判断和行动，将自己可能遇到的危机化解于无形。

　　有一次，丰田汽车公司的一台生产配件的机器在生产期间突然停止了运行。管理者将大家召集起来，就此事举行了一场讨论会，并通过一系列提问来洞悉问题的实质。

　　问：机器为什么不转动了？

　　答：因为保险丝断了。

　　问：保险丝为什么会断？

　　答：因为超负荷而造成电流太大。

　　问：为什么会超负荷？

答：因为轴承枯涩不够润滑。

问：为什么轴承不够润滑？

答：因为油泵吸不上来润滑油。

问：为什么油泵吸不上来油？

答：因为油泵产生了严重的磨损。

问：为什么油泵会产生严重磨损？

答：因为油泵未装过滤器而使铁屑混入。

上述解决问题的过程中。管理者连续用了6个"为什么"，使问题的本质得以揭示。试想，如果当第一个"为什么"得以解决后就停止了追问，认为问题就出在保险丝上，只要更换新的保险丝就行了，那么可以预见，不久保险丝还会烧断，问题依然没有得到根本性的解决。

所以切记，当你就一个问题探寻其原因时，一定要追根问源，深入探查问题的核心，而不要满足于停留在问题的表面。

"多问几个为什么"，虽说是老话重提，于我们从表象推向问题的深层本质却是行之有效的纵向思考方式。

培养纵向思维能力，绝对不能局限于表面，表面的东西往往是空洞而有所欠缺的。但另一方面，透过表面才能发现本质，没有完全脱离表面的内在。

青少年切不可就事论事，要善于从现象看到本质。运用纵向思维，你会发现自己将比他人获得更多的信息和筹码。

第十一章

转念之间天地宽：迂回思维

> 迂回思维是指我们解决问题中有难以逾越的障碍时，用直接的方法得不到解决，就必须相应地采取间接迂回的方法，设法避开障碍，取得成功。迂回思维的实质就是：迂回前进。中国有一句古话："退一步海阔天空。"其具体体现恰恰就是迂回思维的妙处。

有效迂回，掌控主动

任何事物的发展都不是一条直线的，具有灵活思维的人能看到直中之曲和曲中之直，并不失时机地把握事物迂回发展的规律，通过迂回应变，达到既定的目标。

顺治元年（公元 1644 年），清王朝迁都北京以后，摄政王多尔衮便着手进行武力统一全国的战略部署。当时的军事形势是：农民军李自成部和张献忠部共有兵力 40 余万；刚建立起来的南明弘光政权，汇集江淮以南各镇兵力，也不下 50 万人，并雄踞长江天险；而清军不过 20 万人。如果在辽阔的中原腹地同诸多对手作战，清军兵力明显不足，况且迁都之初，人心不稳，弄不好会造成顾此失彼的局面。

多尔衮审时度势，机智灵活地采取了以迂为直的策略，先稳住南明政权，集中力量攻击农民军。南明当局果然放松了对清的警惕，不但不再抵抗清兵，反而派使臣携带大量金银财物，到北京与清廷谈判，向清求和。这样一来，多尔衮在政治上、军事上都取得了主动地位。顺治元年 7 月，多尔衮对农民军的进攻取得了很大进展，后方亦趋稳固。此时，多尔衮认为最后消灭明朝的时机已经到来，于是，发起了对南明的进攻。当清军在南方的高压政策和暴行受阻时，多尔衮又施以迂为直之术，派明朝降将、汉人大学士洪承畴招抚江南。顺治五年，多尔衮以他的谋略和气魄，基本上完成了清朝在全国的统治。

多尔衮的做法，让我们学到一件事，就是山不转路转，路不转人转。目前形势不好，可以绕道而行，或是另辟新路。

就像过去常出现的一则口香糖广告，女主角的一只高跟鞋断了鞋跟，是不是就要丢了呢？其实未必，可以把另一只高跟鞋的鞋跟也扯断，变成平底鞋后，反而更好走。

这是"塞翁失马，焉知非福"的道理，眼前的路不顺利，未必是件坏事。迂回地想一想，重新审视身边的处境，多方考虑不同的出路，往往会有新的答案，甚至比原先设定的路径更加光明。如果这世界所有道路都畅行无阻，没有任何阻碍，相信我们一定会少了许多艺术家、伟大人物和英雄！

此路不通绕个圈，迂回思维就是灵活地掌握事物发展的局面。青少年也应具备迂回思维，赢得学习和生活中的主动与成功。

用多元思维解决复杂问题

当一个人的思路受到牵绊时，往往不能非常清楚地找到问题的根源。要想找到根源，就要冲破习惯上的枷锁，避开思路上的限制，尝试将问题转换一下。

问题转换的方式多种多样，但是主要有以下3种：

一是将不能办到的问题转化为可以办到的问题。

西汉时，一个乡下农民进城，在慌乱中不小心碰翻了一个卖油炸丸子的摊儿，丸子掉在地上，大部分都摔裂了，地上有多少个丸子，已没法数清。

农民认赔50个丸子的钱，可卖丸子的坚持不干，说他的丸子有300个左右，赔50个，他岂不是太亏了吗？

二人互不相让，争得面红耳赤，但毫无结果。

围观的人越来越多，但是没有一个能想出解决纠纷的办法。

一位叫孙宝的官员正好打此经过，大家便请他来处理。

孙宝叫手下人取来一个丸子，并称了重量，然后又叫手下人把地上的碎丸子都收起来，称出它们的重量。他用这些碎丸子的总重量除以一个的重量，得出了丸子个数，最后叫农民按这个数目赔偿。

孙宝对这件事的处理真可谓公平合理，众人无不称赞，卖丸子的小贩也佩服得五体投地。孙宝利用的就是将不可能查清的"丸子个数"问题，转换成了"称丸子重量"的可以办到的问题，使纠纷圆满解决。

二是将复杂的问题转换成简单的问题。

阿普顿毕业于美国一所大学数学系，担任爱迪生的助手，一次爱迪生让他测量一个电灯泡的容积。

阿普顿对着灯泡量了又算，算了又量，一个多小时过去了，这位大学生满头是汗，仍"只算好了一半"。

爱迪生轻松地说道："根本用不着这么费劲，只要你往灯泡里注满水，然后把水倒进量杯，不就可以测出灯泡的容积了吗？"

阿普顿恍然大悟，如梦初醒，按照爱迪生所说的方法，很快就测量出灯泡的容积。

三是把自己生疏的问题转换成熟悉的问题。

19世纪末，法国园艺家莫尼哀想设计制作一种牢固坚实的花坛。

但是对于如何设计制作花坛，他一点儿也不懂。作为园艺家，他对植物却了如指掌。于是，他将花坛的构造转换为自己熟知的"植物根系"来思考：盘根错节的植物根系，因为牢牢地和土壤结合在一起，才使植物枝繁叶茂地茁壮成长。他把土壤转化为水泥，植物的根系转换成钢筋，通过反复试验，不仅制成了坚实牢固的新型花坛，而且在建筑史上具有划时代意义的新型建筑材料——钢筋混凝土，也由这个对建筑业一窍不通的门外汉发明了出来。

思路一换天地宽。将问题转换一下，巧妙地运用多种思维转换思考问题的方式，能帮助你解决许多复杂的问题，让你在学习过程中体会到运用迂回思维的乐趣。

第十一章 转念之间天地宽：迂回思维

先顺应，后改变

小明几年前在家乡的河边钓鱼，发生了一件令他终生难忘的趣事。

有一位老者与他的对话，颇令人受益："小伙子，钓鱼可是一门学问哪！春钓滩、夏钓湾，鱼饵鱼线要常更换。"于是，老者向他介绍了钓鱼的经验，告诉他钓什么样的鱼，就要用什么样的鱼饵、什么样的线。线多长要随水深水浅而变化，鱼饵在钩上的摆放也要根据情况而定。即使钓同一种鱼，随着季节的变化，方法也不一样，春天有春天的方法，夏天有夏天的方法，冬天有冬天的方法……

临别时，老者说了一句让小明终生受益的话："小伙子！鱼是不会听从你的安排的，它不会照着你的意思上钩。你想钓上它来，就必须改变自己，让你的方式适应鱼的习性。"

钓鱼确实是一门学问。人在岸上，鱼在水里，人怎样才能让鱼上岸呢？要让鱼上岸，就必须先了解鱼的习惯，它喜欢吃什么鱼饵、喜欢怎样吃、喜欢什么时候吃……掌握了这些情况之后，我们就要改变自己，让自己的方法尽量去适应鱼的生活习惯，这样一来，鱼就会咬钩，就会被我们钓上来。

任何事情都不会按照我们的主观意志去发展变化。我们要获得成功，就得首先去认识事物的性质和特点，然后根据实际情况来调整改变自己的思路和行为方式。只有如此，我们才能在顺应事物变化的同时，驾驭变化，走向成功。如果我们想当然地凭自己的想法去办事，这就像钓鱼不知道鱼的习性一样，注定要徒劳无功。

所以，做一切事、解决一切问题，我们都必须随着客观情况的变化而不断地调整自己，不断地采取与之相适应的方法。

几年前,有两个人在北京各自开了一家川菜馆。起初两家餐馆的生意都不错,但两位老板的思路和想法迥然不同。一位老板总认为川菜是多年流传下来的特色菜,绝不可以更改,一改便没了特色。因此,这家餐馆总是按部就班地经营着自己的老川菜。另一位老板心眼活,他发现北京的餐饮业竞争逐渐激烈起来,喜欢老川菜的人口味也在变化。于是,他吸收粤菜和湘菜的一些特点推出了新派川菜。这种菜看既不失川菜的特色,又满足了人们口味的变化,因此,生意越做越火,在京城很快就有了3家连锁店。而那一位固守老川菜思路的老板仅能维持经营,但几年来仍然是原地踏步,没有任何发展。

从这两位餐馆老板的故事,我们可以看出,后一位老板之所以成功,就是他能看清川菜的发展趋势,顺应了这一趋势,改变了自己的思路和经营方式;而前一位老板之所以没有发展,就在于他没有认识到大众口味的变化,没有去改变自己、顺应变化。

迂回思维的表现就是灵活变化,要成功地驾驭变化,就要求青少年们要能够顺应变化,先从改变自身开始,进而达到自己的目的。

第十二章

简单便是聪明，复杂便是愚蠢：简单思维

> 简单思维，就是用最简便的方式，直奔问题的实质；就是对原来事物或问题的简化处理，使其能够更容易地解决；就是要尽可能地撇开非主要因素，减少一些不必要的环节，使复杂的问题简单化。

删繁就简，突出本质

法国昆虫学家法布尔说："简单便是聪明，复杂便是愚蠢。"科学发展的过程，实际上也是一个不断简化的过程。

在许多发展创新的过程中，无论是一个产品、一种技术，还是一项课题，简化都是一个突破的方向。

20世纪前20年，驱动汽车的新型发动机一直沿用往复活塞式内燃机，其结构的主体构件为机械原理中介绍过的曲柄滑块结构以及进、排汽阀门结构。20世纪50年代，德国工程师沃克尔设计出一种别开生面的旋转活塞式发动机，只有两个运动构件，即三角形转子和通往齿轮箱的曲轴，它需要一个汽化器和若干个火花塞以及复杂的阀门控制机构，从而使该发动机的重量比传统发动机轻1/4，而且价格便宜。

目前作为一种创造技法，删繁就简，已经在我国得到推广应用，从发明创造的角度来说，简洁是区别平庸与天才的一个标准。化繁为简，将复杂的问题变简单，将事物中烦琐的、陈旧的和无足轻重的部件去掉，使之更加重点突出、功能鲜明、结构精悍、性能优化，是发明创造的一条捷径。我国发明家张文海认为，补偿方法需要简化，由此发明了"旋转变压器快速最佳补偿"；多极旋转变压器机械理论角的计算需要简化，由此发明了"多极旋转变压器机械理论角的简化计算"；零点标记打点需要简化，由此发明了"旋转变压器零位标记的简易光刻"。

张文海运用简化原则，在一个领域连砍三刀，推陈出新的发明实践，就此彰显了化繁就简的无尽魅力。

科学规律的认识总有这样一个特点，金矿不会埋在一个地方，只

第十二章　简单便是聪明，复杂便是愚蠢：简单思维

要有金子就会发光。

英国著名哲学家奥卡姆的威廉也发现了删繁就简的奥秘，倡导运用"奥卡姆剃刀"去改变思维。所谓"奥卡姆剃刀"，是指他的格言："如无必要，勿增实体。"即如果对某一事物的解释不需要假设这种或那种实体，那么就没有理由去假设它。

"奥卡姆剃刀"作为人们创新的一种思维武器，曾受到大数学家罗素的高度评价，被认为在逻辑分析中是一项卓有成效的原则，后来爱因斯坦又将其引申为简单性原则。爱因斯坦是运用简单性原则的大师，其相对论的构造是如此简单，但对自然规律的揭示是那么精深。

"奥卡姆剃刀"剃掉的是思维杂质，产生的是创新成果，留下的是简洁精美。与自然简单性原则相适宜，标准化、规范化、简洁化的科学公式，假设前提简单性科学体系，既简单又优美。爱因斯坦的质能方程 $E=mc^2$，示天下之规律，表万物之联系，既简单明了，又丰富隽永。科学公式越简单，其理论概括性越强，适应性越普遍。正如达尔文在《自传》中写道："我的智慧变成了一种把大量个别事实化为一般规律的机制。"

不仅科学的发展如此，在我们的实际生活、学习中，简单也是避开人生繁杂忧愁的思维方法，简单便是聪明。"删繁就简三秋树，标新立异二月花。""奥卡姆剃刀"剔去了事物的现象，揭示了事物的本质，反映了事物的规律，浓缩了宇宙的精华，使人们的认识由表及里、由此及彼，不断提高。运用"奥卡姆剃刀"和简化原则，不仅能揭示自然规律，而且能创造文学美、艺术美、社会美以及和平发展的人类文明。

善于转换，巧妙解决

许多看似复杂的问题，其实并不复杂。之所以有许多事情显得那么艰难，或许正是缺乏简单的思维。如能将思维的砝码向简单中倾斜一些，一定会使你感到轻松又妙不可言。

1952年，日本东芝电器公司积压了大量电扇销不出去。公司7万多名员工为了打开销路想尽了一切办法，仍然进展不大。最后公司董事长石坂先生宣布，谁能让公司走出困境、打开销路，就把公司10%的股份给他。这时，一个基层的小职员向石坂先生提出，为什么我们的电扇不可以是其他颜色的呢？石坂特别重视这位小职员的建议，竟为这个建议开了董事会专门讨论，最后董事会决定采纳这个建议。第二年的夏天，东芝公司就推出了一系列的彩色电扇。这批电扇一上市，立刻在市场上掀起了一阵抢购热潮，3个月之内就卖出了几十万台。从此以后，在世界的任何地方，电扇就再也不是一副黑色的面孔了。

一个简单的建议，便扭转了极度的困境，从中你会发现，"简单地变换一下"是多么的美妙。它的确如同一束明亮的阳光，将黑暗的角落照亮。并且，简单地变换一下，常常能使险境转危为安、化险为夷。

下面便是一个经典的案例：

1988年10月27日，秘鲁的一艘潜水艇在公海上被一艘日本商船撞沉。船长及其他6人死亡，24人逃离险境，还有22人随潜艇渐渐下沉。大家推举老船员詹特斯为临时船长，研究逃生办法。时间一分一秒地过去，有些人绝望了。詹特斯决定冒险——用发射鱼雷的方法将人一个个地发射出去。然而，这样做太危险了，人被发射后要承受巨大的压力，弄不好还要留下终生难以治愈的"沉箱病"。这时潜艇已沉

第十二章 简单便是聪明，复杂便是愚蠢：简单思维

入海中 33 米，把人射出海面需要 3 秒，不能再犹豫了。詹特斯告诉大家进入鱼雷弹道口前，尽量把胸腔内的空气排净，否则肺会像气球一样在发射中爆炸。结果，这 22 人中除一人脑出血外，都安全地返回了海面，死里逃生。

以上事例都足以说明简单思维的巨大魅力，只要善于思维更新与变换，许多困境中的问题都会迎刃而解。

快刀斩乱麻

许多时候，我们需要的只是很简单的想法，但人们往往左思右想，顾虑重重，反而走了许多弯路。

在古希腊，有这样一个"戈迪阿斯之结"的故事。

外地人来到朱庇特神庙，都被引导去看戈迪阿斯王的牛车，每个人都惊叹戈迪阿斯王把牛轭系在车辕上的技巧。

"只有了不起的人才能打出这样的结来。"有人这样说。

"你说得对，"庙里的神使说，"但是要解开这结的人，必须是更了不起的。"

"那是因为什么呢？"参拜的人问。

"因为能解开这个奇妙的结的人，将把全世界变成自己的王国。"神使回答说。

自此以后，每年都有很多人来解这个结，可是绳头都看不到，他们甚至不知从何下手。

几百年之后，来了一位年轻国王，名叫亚历山大。他征服了整个希腊，曾率兵打败了波斯国王。亚历山大仔细察看了这个结，他也找不到绳头，于是，他举起剑来一砍，把绳子砍成了很多段，牛轭就落

到地上了。

"整个世界属于我。"他说。

中国有一句俗话，叫作："快刀斩乱麻。"用最简单的方法去解决最复杂的问题，有时候也是最有效的方法。也是简单思维的一种运用。

不久前，巴黎一家现代杂志刊登了这样一个有趣的竞答题目："如果有一天卢浮宫突然起了大火，而当时的条件只允许从宫内众多艺术珍品中抢救出一件，请问：你会选择哪一件？"

在数以万计的读者来信中，一位年轻画家的答案被认为是最好的——选择离门最近的那一件。

这是一个令人拍案叫绝的答案，因为卢浮宫内的收藏品每一件都是举世无双的瑰宝，所以与其浪费时间选择，不如抓紧时间抢救一件算一件。

我们在做任何事情的时候，千万不要把事情过于复杂化，该简单的时候就简单，太多的顾虑反而会让我们走弯路，事情的结果也会无法和我们的希望一致。

做自己力所能及的事情，是简单有效的选择。青少年在学习中订立切实可行的计划，认真做好身边的每一件事情，那么你的学习就是有效的。要避免为追求高目标，而不从实际出发，希冀快速地达到目标，好高骛远，盲目地制订计划。将眼光盯在虚妄的目标上，却忽视眼前的学习，只会让人疲于应付，缺乏效率。

第十三章

富有远见的思考：超前思维

> 超前思维，用中国的一句老话来形容，就是未雨绸缪，以长远的眼光，对未来早作谋划。许多人眼睛只盯着眼前的利益，容易忽视未来，他们看不见前方的目标。这种人很难把握住成功的机遇。

高瞻远瞩地看清未来

杰出人士的一大思维特点就是超前的思维，他们能高瞻远瞩地看清时代的发展方向，所以能引领时代的潮流。青年时期的比尔·盖茨就是个具有超前思维的人物，下面我们来看看比尔·盖茨的成长经历。

比尔·盖茨中学毕业后如愿以偿地被哈佛大学录取。但是程序员的工作和计算机的魅力深深吸引着他，每日和保罗一起夜以继日地工作，他们的技能和知识都有了很大的发展，使他们看到了别人看不到的希望。

比尔·盖茨一边在哈佛大学读书，一边想着计算机领域的开发，而且把主要的心思用在了计算机上。他的好友保罗则是一有计算机在国际领域的新动向，就跑来告诉比尔·盖茨。有一次，保罗在一份杂志上见到了一台微型计算机照片，就拿着它来找比尔·盖茨。比尔·盖茨见说明中写着："世界上第一部微型计算机，可与商用型号的计算机相匹敌。"比尔·盖茨超前的思维能力使他有意识地对保罗说："看来计算机像电视机一样普及的时代就要到来了。"两个人为此兴奋不已。他们在朦胧中看到了自己的事业和梦想，这两个天才少年用他们的兴趣和天才的头脑，预见到一个庞大的新兴科技领域的出现，看到了别人看不到的希望。

比尔·盖茨和保罗在喜出望外之后，下决心大干一番。他们决定为新诞生的微型计算机编制语言，也就是系统软件。他们超前的思维已经意识到，如果没有便于应用的程序，计算机就毫无可利用的价值。比尔·盖茨和保罗抓住这个非常渺茫的机会，立即进了哈佛大学的计算机中心。两个孩子昼夜奋战，一刻不停地干起来。经过连续8个星期的奋战，他们为微型计算机设计了一个取名为"登上月球"的游戏程序。在实验后，他们认为可以让这个程序工作了，于是，由保罗带着这个刚刚诞生的程序，乘飞机到新墨西哥州微型计算机诞生的公司去试用，结果是，第一次实验就获得了成功。

在这个时候，比尔·盖茨的超前思维已经意识到，一个大好的商机已经来临了，为此，他决定离开哈佛，和保罗一起开办软件开发公司。这样，比尔·盖茨没有毕业就离开了哈佛，引起了大家的关注。

1975年7月，比尔·盖茨和保罗在亚帕克基市创立微软公司。最初名字为Mi-crosoft，不久其中间的连字符即被去掉，"微软"之名出自"微电脑软件"之意。虽然，比尔·盖茨不认为构思一个名字就是一项成就，但是他对这个由他亲自替公司起的名称感到十分得意。他认为，"微软"之名用于一个专门开发微电脑软件的公司最合适了，何况，整个电脑软件行业目前只有唯一的微软公司。

他们创办公司的宗旨是：要为各种各样的微电脑开发软件。当时，比尔·盖茨还不到20岁。

比尔·盖茨的经历只是一个特别的个案，但是其带给我们的思考是极其深远的，他们少年时期的超前思维以及前瞻性的眼光，对我们具有十分重要的启发及影响。青少年也应向比尔·盖茨学习，努力培养自己的超前思维，看到别人看不到的希望。

思维要落在更远处

在工作、学习、生活中，我们常常设想自己的未来，设想通向未来的路还有哪些事情要做，将采取什么办法才可实现目标，这就是我们常说的远见，也是超前思维的一种体现。

我们知道，远见是通过超前的思考得来的，它有时会给我们带来巨大的利益，能开启智慧之门，能发掘一个人的潜力。可以说，一个人越富于远见，他所发挥出的能力就越强。凯瑟琳·罗甘曾说过："远见不是让我们得到什么东西，而是引导我们去实施行动。心中有谱，就可以从一个成就走向另一个成就，把事情的每一个成功都作为跳板，每一次都弹跳得更高、更远。"

富于远见的思考会给我们带来以下几个好处：

1. 可以让人轻松愉快地工作

通过对一件事情的思考，你已设定出几个可以走通的点，将这些点连接起来，就是一条通向成功的路。当你每越过一个点时，身后便延伸着一条连线，而无论在哪种环境中，恐怕没有比这更加愉快的事情了。所以，远见思考为你带来的成功感、愉悦感和轻松感是无法比拟的。

2. 可以不断增添你的成就感

每实现一个目标，就可以说是取得了阶段性的成就。哪怕是极为简单的一件事情，如果将它放在事情的有机整体中，也会显出它巨大的价值。这时你会感到你做的每一件事情都很重要，正如巨大链条上的一颗钉，虽然很小很小，却是绝对不可或缺的。

有人问三个建桥墩的工人："你们每天都做什么？"第一个工人说："我每天做工，拿工资去养家糊口。"第二个工人说："我每天搅拌水泥。"而第三个工人指着荒凉的河滩，满怀激情地说："我是在建一座漂亮的大桥，到那时这里很快就会繁华起来。"

三个人同样从事一种工作，但第三个工人富于远见思考的回答，无疑给他的工作增添了巨大的乐趣和成就感。

3. 可以为你设计一个美好的未来

有两个相邻的砖厂同时开工，其中一个砖厂的老板买来许多捆塑料薄膜，当时另一个老板并没有多想，也没弄明白是做什么用的。不久，两家砖厂生产的砖坯不断地垛高。有一天突然乌云四起，电闪雷鸣，暴雨倾盆。买了塑料薄膜的老板将砖坯垛盖得严严实实，毫无损失。另一个老板却没有防雨的工具，只好眼睁睁地看着一垛垛砖坯被淋透，重新变成一堆堆烂泥。

缺乏远见、缺乏超前思维的人常常就是这样，变化之风常把他们刮得晕头转向，使他们不知道自己属于哪里，哪里是他的归宿。

如果你具有超前思维，有富于远见的思考，自己又勤奋努力，那么你就一定能拥有美好的未来，也一定会实现远大的目标。

努力向前方挺进

具备超前思维，要在绝境中不绝望，要能看到绝境中的生机。一个真正具有超前思维的人，是不会泯灭希望之火的。这一思维理念比金子更加贵重。为此，无论你遭遇何种不幸和挫折，不要绝望，因为在绝境处，我们还有生存的机会。

斯坦利·库尼茨是一个对沙漠探险情有独钟的瑞典医生。年轻的时候，他曾试图穿越非洲撒哈拉大沙漠。进入沙漠腹地的当天晚上，一场铺天盖地的风暴使他变得一无所有，向导不见了，满载着水和食物的驼群消失了，连那瓶已经开启的准备为自己庆祝36岁生日的香槟也洒得一干二净，死亡的恐惧从四面八方涌向他。在绝望的瞬间，斯坦利把手伸向自己的口袋，意外地摸到了一个苹果，这个苹果使斯坦利从绝望中清醒，他庆幸自己竟然还有一个苹果。

几天后，奄奄一息的斯坦利被当地的土著人救起，令人迷惑不解的是，昏迷不醒的斯坦利紧紧地攥着一个完整却干瘪的苹果，而且攥得非常紧，以至于谁也无法从他手中将苹果拿走。20世纪初，这位一生充满传奇色彩的老人去世了，弥留之际，他为自己写了这样一句墓志铭：我还有一个苹果。

在面对生活的困境时，凭着自己的信仰和顽强的毅力，在绝境中寻找生机，而不是用死亡来拒绝面对的困境。

一名癌症患者，她透露自己当初在被推入手术室的那一刻，不断地和上帝"讨价还价"，祈求上帝让她多活10年，待她那两个年幼的孩子长大一些，再来把她带走。

此时，孩子成了她活着的最大希望。为了孩子，她积极乐观地面对病魔，一路走来已有12年，上帝也未向她"讨债"。她说，患病后认识的另一名女士就没这么幸运了，虽然病情相似，她却因丈夫离开、生活失去了重点而自怨自艾，放弃与病魔抗争。而对死神的挑战，患病不到5个月的她选择弃权，就像沙漠中被索汲水分至干涸的河流。

反观二者，从最初无法接受的不断质问："为什么是我？"到能坦然地面对自己的绝望状况、病情，他们显然已飞越生命中的沙漠，尝到了生命源泉的甘甜。

蒙上眼睛不理智，回避则不现实。历史的公式千万次论证着：祈求命运垂青的弱者，永远受不到幸福的追逐。痛苦既然是客观存在的，那就让我们挺起胸膛，让灵魂在荆棘丛生的路上作出勇敢的抉择吧！让我们勇敢地向前看，不论何种情况，都要努力向前方看，找寻绝境中的生机。

第十四章

学以致用，知行合一：学习思维

> 人的一生中，都有接受教育的可能性，也就是说，人的一生都是受教育的时间。如今，终身教育已经被联合国教科文组织定为"知识社会的根本原理"，未来的社会也是一个学习型社会，如果我们不主动学习，就无法取得工作和生活所需要的知识，因此，我们要跟得上时代的步伐，就要培养自己的学习思维，养成主动学习的好习惯。
>
> 学习思维，就是随时随地向任何人或者任何事物学习的一种习惯性思维。学习贵在思考，知识贵在应用，学无止境，知行合一。青少年如果能够培养学习思维，养成主动学习的好习惯，就能够充分体会到求知和进步的乐趣。

三人行必有我师

"三人行必有我师",擅长学习思维的人,善于向身边的人学习和请教,因为智慧相加会得到更多更大的智慧,因此青少年朋友一定要向身边的人学习。

永远不要忘记学习是一生中的重要大事。事实上,一旦走出学校,我们便有机会学到更多的东西。因为学校是一种温室环境,只有在步入社会以后,我们才会遇到现实生活中的各种问题。一旦进入社会工作,知识就开始起更重要的作用,我们可以用自己的实践去检验它们,更深刻地理解它们,并汲取其要领。

从今天开始,青少年朋友应该为自己树立一个目标:每天要学些新东西。要做到这一点,最重要的是,在没有学会一个生单词的意义,没有新见解,没有经历一种新鲜体验、思路和感受之前,不能放过一天的时间。如果你乘公共汽车注意一下其他乘客,你会发现他们中多数人什么也不干,他们只是坐在那儿。他们在考虑什么有意义的事吗?他们在解决一个问题?很可能他们正在白白地浪费时间。但那些想取得进步的人,不会浪费公共汽车上这段时间,他们会思考、阅读或写作,他们更有希望取得成功。

此外,要注意向身边的人学习。向其他人学习是生活的一个法则。坦普尔顿还是孩子的时候,就经常观察他所接触到的成人以及他的同学。从他们身上,他了解了哪些事情能导致成功、快乐和成果,哪些事情做不到或不能做;他还学会应该努力做什么,又应该避免什么。总之他汲取了许多人的聪明才智。你可以做同样的事情。只要你注意观察,你就能从你所遇到的每个人身上学到东西。

为了更好地向身边的人学习，除了学会倾听，还要学会提问。寻找人们喜欢谈论的话题，然后就有兴趣的地方提问。这种习惯会使你从两方面获益，你提些聪明的问题会让人感到高兴，同时你自己也学到了东西。

成功者征求意见而不是常常提意见。坦普尔顿年轻时曾在得克萨斯州的达拉斯市为国内地球物理公司服务过，那是他大学毕业后第一份较重要的工作。他一心想获得成功，为此他每周至少一次接近雇主，询问："我应该做些什么来改进工作呢？"这一策略产生两重效果。坦普尔顿既学到怎样做好工作，也让他的老板感觉到他是多么真心地希望改进工作。一年后，他成为该公司主管财务的副经理。他确信始终如一的好问态度是他晋升的关键。

"如果你是我，你会干什么？"这个问题是通向成功的垫脚石。多向身边的人学习请教，会令你更快地提高自己，学到更多的知识与智慧。运用学习思维，多向你身边的同学与朋友学习和请教，你会由此得到更多的收获。

点燃学习的热情

其实许多有成就的人，在很小的时候并非都爱学习，但是，他们都不约而同地改掉了厌烦学习的坏习惯，一步步地把学习当成生活中的乐趣来享受。学习不是负担，应培养良好的学习思维，培养乐在学习的思维方式。

歌德是德国著名的诗人。但是，在歌德小时候曾有很长一段时间是个不爱学习的孩子，不仅不爱学习，而且非常厌恶学习。那时他把学习当作自己最大的敌人。当时小歌德成天只知道玩，他挨了很多的骂，也挨了不少的打，但是无论他父亲怎么做，都不能让他安心地学习。

一个偶然的机会，歌德的父亲见到了著名人类学家福斯贝先生，他是一个热衷于儿童教育的人，他讲了许多名人受教育的故事给歌德父亲听，歌德父亲从他的谈话中受到了许多启发。

回到家中，他对歌德运用新的教育方式，并改变了态度。他跟小歌德讲了许多历史上伟人的故事，并告诉他，那些伟人从小都是爱读书的孩子。

他的父亲一开始也不要求小歌德什么都听从他的，他只是让小歌德在潜意识里慢慢地把读书、学习和伟人联系在一起，对学习有一个新的认识。

一天，他父亲与一个朋友正在谈一个流浪汉的故事，当他发现歌德在旁边时，歌德的父亲故意提高了声音说道："听说他小的时候也不爱读书，只知道玩，他认为不读书也可以生活得很好。可是长大之后，因为他什么都不懂，什么都不会，想找个工作也找不到，只好变成一个要饭的人了。"

父亲的话给了小歌德巨大的震撼，他想，我是要做一个高尚的人，还是要做一个要饭的人呢？第二天，小歌德作出了一个惊人之举，他主动要求学习，并不顾一切地拼命学习起来。他的行为告诉人们，他选择了去做一个高尚的人。最后，小歌德成了一个高尚的人，他实现了自己的愿望。其实任何一个青少年都是有可能像小歌德一样做到这样的转变的。

在终身学习的社会里，培养热爱学习的习惯，培养终身学习的能力越来越重要。要坚持终身学习，就必须热爱学习，只有好好学习各种知识，才能为我们的将来打下坚实的基础。

"学什么都不会白学"是著名科学家李四光的话，很朴实的一句话，但是它所蕴含的道理是深远的——热爱学习，不断学习，广泛学习。积累的知识多了，会给我们以后的成功之路打下最坚实的基础。

人的一生都离不开学习，只有热爱学习，善于学习，具备学习思维的人才能在人生的道路上不断前进，取得成功。所以，对任何人来说，从小养成良好的学习习惯都是非常重要的事情。而这样的学习思维，也会有助于你按时圆满地完成你的学习任务，也有助于提高你的学习能力。

知识要应用到实践中去

正确的学习思维是学以致用，将学到的知识应用到实践中。

战国时代，赵国名将赵奢之子赵括，自幼饱读兵书，每每谈起兵法就口若悬河，说得头头是道，他为此骄傲不已，自以为天下无敌，连他父亲也不放在眼里。

然而，赵奢很替他担忧："赵括这孩子把用兵打仗看作儿戏似的，谈起兵法来，就眼空四海、目中无人。将来大王不用他还好，如果用他为大将的话，只怕赵军将断送在他手里。"

果然，公元前260年，秦国与赵国在长平开战，赵国名将廉颇负责指挥全军，准备用持久战的方法把秦军拖垮。秦国知道拖下去于己不利，就施行了反间计，派人到赵国散布"秦军最害怕赵奢的儿子赵括将军"的话。

赵王误信谣言，不顾丞相蔺相如和赵括之母的反对，让赵括替下了廉颇将军。

赵括初掌军权，兴奋不已。他率大军进驻长平以后，就死搬兵书上的条文，完全改变了廉颇的作战方案。结果，40多万赵军尽被歼灭，赵括自己也被秦军箭射身亡。

这就是历史上著名的"纸上谈兵"的故事，它带给我们的启示是深刻的：再懂得兵法，再晓得用兵之道，如果不能把兵法和用兵之道与实际战争相结合，那么也注定要失败；同样道理，如果只会空谈理论，却不能解决实际问题，那么这种理论就失去了存在的价值。

南宋著名诗人陆游曾在《冬夜读书示子》中对他的儿子进行劝勉道："纸上得来终觉浅，绝知此事要躬行。"

从知到行，是一个非常艰难的过程，也是一个必不可少的过程。只有把知识和实践紧密地结合起来，才能算是真正获得了知识，否则，知识便一钱不值。

许多年前，文学家王尔德曾说过："我们活在一个就是因为读了太多书而聪明不起来的时代。"如果他生于今日，也许他会改说："我们活在一个就是因为知道太多信息而聪明不起来的时代。"

"知道"与"了解"是两回事，"了解"与"行动"又是两回事。毕竟成功之道，不在乎知，而在乎行——应用。

所以，在学习方面，青少年朋友实际上有三项任务：一是学习前人创建总结的知识；二是正确运用所学的知识于实践中；三是总结并创建新的知识。

但是，对于大多数青少年而言，往往只重视了第一项任务，认为"知识就是力量"，结果导致很多知识只存于资料室或我们的大脑中而没有用于实践；有些青少年学到知识后不会运用；大多数青少年没有创建新知识的欲望和能力。

在1998年全国高中学生奥林匹克化学竞赛中，参赛选手在理论测试方面均考出了相当出色的成绩。然而，令人感到遗憾的是，这些选手的实验成绩明显低于理论成绩，而且悬殊极大，在满分为40分的情况下，全体平均分却只有11分，有一个人甚至得了0分。

长期以来，身处于应试教育中的我们似乎已经忘记了学习的实质性目的。在多数情况下，考试成绩似乎决定着我们的命运，应付考试成了学习的唯一目的，这使得许多青少年都形成了重资格轻能力、重理论轻实践的学习意识，严重缺乏应变能力和实际动手能力。

第斯泰维克说："学问不在于知识的多少，而在于充分地理解和熟练地运用你所知道的一切。"而理论联系实际的学习，才是一种最为行之有效的学习方法。

因此，正确的学习思维是要求青少年朋友，在日常的生活中，把学校中学到的全部知识都淋漓尽致地发挥出来，运用到实践中，这样的知识才会有效，才能真正起到它应有的作用。

第十五章

多替别人想想：同理心思维

> 很多时候，我们需要换个立场，转换角色，设身处地，站在别人的角度想问题。同理心思维，就是设身处地地将自己摆放在对方的位置，用对方的视角看待问题，这是一种非常有益又十分实用的思维方式。

洞悉别人，醒悟自己

你曾经被人误解过吗？尤其是当你的好心被别人当成"驴肝肺"时，你是否心灰意冷、万分沮丧？你是否会怨恨地说"真是好心得不到好报"？或者暗自抱怨好人难当？

你的委屈可以令人理解和同情，但你知道造成这种局面的原因是什么吗？

你可能认为，你的老师虽然学识渊博，但他的口才实在不敢恭维，他就是茶壶里煮饺子——肚子里有但硬是倒不出来的那种人。所以你便看不起他，从潜意识中疏远他，开始逃课，避免与他见面，导致师生关系恶劣。

你同学的素质同样会参差不齐。有些人处处咄咄逼人，看不起你，但你更不会看得起他：他的优越是他的事，与我何干？况且我的学习成绩远远地高出他呢！去他的吧，少在我跟前装大爷。可有些"跟屁虫"呢？你能否在心里看得起他？

但你知道吗？你之所以交际或交流受阻，关键在于你对你的交际对象并未了解，尽管他们是你朝夕相处的同学、老师或家长。

你知道你的同学在想什么吗？你知道老师或上司刚刚所说的话的深层含义吗？你了解父母为你含辛茹苦的最终目标是什么吗？坦率地说，你可能似懂非懂，表面懂而深层不懂，有时为了面子还要不懂装懂。

为什么会这样？其主要原因在于你的思维出发点不正确。你总是站在自我的角度去观察、分析，并想当然地去理解他人。这种理解表面上似乎是对的，但实质是隔靴搔痒，或用一句俗语来表示叫作：木头眼镜——看不透。

第十五章 多替别人想想：同理心思维

正确洞悉他人的思维方式在于换位思考。所谓的换位思考，就是站在对方的立场上，从对方的切身利益、切身感受出发来考虑问题。比如他的真实想法是什么？他的需求是什么？他比较喜欢什么？他厌恶什么？他希望你为他做什么？他的真实意图到底是什么？

中国有句古话叫作"知己知彼，百战不殆"。请你深入地想一想，著名军事家孙子的这一著名论断难道仅限于军事领域吗？它对你的为人处世是否有同样的启迪呢？

要知道，即使你的交际状况糟糕透顶也切忌怨天尤人，问题关键在于你没有很好地做到换位思考。

现在请你想一想你那位口才不佳的老师，你那位"道不同，不相为谋"的同学，你的父母，他们的内心在祈盼着什么？他们在希望你做些什么？你离他们的希望有多远？

这样想一想，也许需要改变的恐怕不是别人，而恰恰是你自己了。请你记住，当你交际受阻的时候，一定要将自己的思维方式转变一下：有很多矛盾不是你我能左右的，你我生在世上不是为了争斗。既然我们不能改变对方，那么我们就先改变自己，学会同理的思维，学会换位思考。让我们洞悉别人，醒悟自己！

多听听周围不同的声音

固执就是思维的僵化、教条。同理心思维要求我们学会从各个不同的角度全面研究问题，抛开无谓的固执，冷静地用开放的心胸作正确的抉择。是否这样做往往决定你能否走向成功。

拿破仑从莫斯科撤走后，一个农夫和一个商人在街上寻找东西，想要找点外快。

很快，他们在一个拐角处发现了一堆未烧完的羊毛。两个人就各分了一半背在自己的背上，往家里走去。

路上，他们又发现了一些绸缎，农夫劝说商人扔掉廉价的羊毛，带上绸缎，商人却不接受农夫的劝说。农夫将身上沉重的羊毛扔掉，选上好的绸缎背了起来。固执己见的商人却将农夫扔下的羊毛和剩余的绸缎统统背起来，气喘吁吁地背着上路了。走了不久，他们又发现一些银器，农夫便将银器抱在怀里，将绸缎扔在地上。而商人因背了那么多的羊毛和绸缎而无力再拿这些银器了。

走着走着，忽然下起了大雨。筋疲力尽的商人背上的羊毛和绸缎被雨水淋湿了，他再也支持不住了，一屁股坐在泥泞中。农夫却一身轻松地回到了家中，过上了幸福的生活。

农夫真是个聪明人，他知道"学会选择，懂得放弃"的道理，所以他扔掉了羊毛、绸缎，最终得到了银器。商人却不懂得这个道理，并且固执己见，最终什么也没有得到。

那位固执的商人企图仅凭一个不变的哲学，固执己见地想强渡人生所有的关卡，显然是行不通的。他忘了在人生的每一个关键时刻，应随时检查自己选择的方向是否产生偏差；忘了应该适时地进行调整，更谈不上审慎地运用智慧，作出适当的抉择。可以说，生活中很多人都像这位商人一样，不喜欢改变，都喜欢固执己见，死守一成不变的思维模式，并在这种模式中不断地自我消耗、自我衰退。

当然，对于青少年来讲，在成长的路上，并不意味着我们必须全盘放弃自己的执着，但不排除在意念上作合理的修正，以做到无所偏执。

莫要囿于己见，多听听周围不同的声音，设法接受完全和自己想法抵触的见解，看看事物在不一样的角度之下所呈现出来的不同感觉，突破自己一成不变的想法，用新的眼光来看待这个世界和这个世界里的人，以及发生的事情，给自己一个好的改变，这才是真正的同理心思维，才是获取快乐的创新视角。

善待他人就是善待自己

"己所不欲，勿施于人"是同理心思维的一个核心理念，当我们能切实地领悟到这种境界时，有许多不理解的事都会豁然开朗。

当你做错了一件事，或是遇到挫折时，你是期望你的朋友说一些安慰、鼓励的话，还是希望他们泼冷水呢？也许你会说："这不是废话吗，谁会希望别人泼冷水呢？"可是，当你对别人泼冷水时，可曾注意到别人有同样的想法？事实上，很多人都没有注意到这一点。

美国《读者文摘》上发表过一篇名为《第六枚戒指》的故事，很形象地说明换位思考给我们心灵带来的震动。

美国经济大萧条时期，有一位姑娘好不容易找到了一份在高级珠宝店当售货员的工作。在圣诞节的前一天，店里来了一个 30 岁左右的男性顾客，他衣着破旧，满脸哀愁，用一种不可企及的目光，盯着那些高级首饰。

这时，姑娘去接电话，一不小心把一个碟子碰翻，6 枚精美绝伦的戒指落到地上。她慌忙去捡，却只捡到了 5 枚，第 6 枚戒指怎么也找不着了。这时，她看到那个 30 岁左右的男子正向门口走去，顿时意识到戒指被他拿去了。当男子的手将要触及门把手时，她柔声叫道："对不起，先生！"那男子转过身来，两人相视无言，足有几十秒。"什么事？"男人问，脸上的肌肉在抽搐，再次问："什么事？""先生，这是我头一回工作，现在找个工作很难，想必你也深有体会，是不是？"姑娘神色黯然地说。

男子久久地审视着她，终于一丝微笑浮现在他的脸上。他说："是的，确实如此。但是我能肯定，你在这里会干得不错。我可以为你祝福吗?"他向前一步,把手伸给姑娘。"谢谢你的祝福。"姑娘也伸出手,两只手紧紧地握在一起,姑娘用十分柔和的声音说:"我也祝你好运!"

男子转过身,走向门口,姑娘目送他的背影消失在门外,转身走到柜台,把手中的第6枚戒指放回原处。

"己所不欲,勿施于人"的道理更说明这样一个事实,那就是善待别人,也就是善待自己。可以说,任何一种真诚而博大的爱都会在现实中得到应有的回报。在我们运用同理心思维的时候,当我们真诚地考虑到对方的感受和需求而多一分理解和婉转时,意想不到的回报便会悄然而至。

第十六章

故步自封是大忌：动态思维

> 如果你渴望成功，让自己成长，不断成长，不论是精神或职业上，或是人际关系上，你就必须以过去伟大的人物当模范，就要培养动态的思维和发展的眼光，不要让小成功阻碍自己的进步。

停滞意味着被淘汰

动态思维要求我们要学会用发展变化的眼光看世界。

有一则故事挺有趣,说的是甲乙两人打赌,双方商定在两个月内,甲每天给乙 20 万元,乙第一天只给甲一分钱,但必须每天加一倍。乙心中暗喜,以为得了大便宜,于是一口答应。等到第十天时,乙口袋里已经装进 100 万元,而自己只付出 5 元钱,心里还后悔当时要是定 3 个月,不是可以赚得更多吗?想不到随着时间的推移,双方的进账开始逆转,并一发不可收拾。你知道第 60 天时乙应当付给甲多少钱吗?2500 亿都不够!

这则故事让我们体会到发展着的东西和停滞的东西在本质上的区别。孕育着变化和发展的时间是多么的神奇,一切登峰造极的演化都和时间结下了不解之缘。

由此可见,动态思维是一种用变化发展的眼光看世界的方法,运用到生活中,就具有积极的意义。

有一年,某地的茄子出乎意料的贵,有一个农民由于种了许多茄子而大赚了一笔,那些没有种茄子的人看在眼里疼在心里,抱怨自己失去了一次发财的好机会,许多人暗暗下决心第二年多种茄子。结果由于人人都种了茄子,导致第二年茄子价格暴跌,大家都损失惨重。可是有一个人大大地发了,就是那位第一年种了茄子的农民,因为第二年他专门种茄子的秧苗。人和人的不一样就在这儿,有的人想一步,有的人想两步,有的人看今天,有的人看明天。

动态思维也体现出某种程度上的前瞻性眼光。

第十六章 故步自封是大忌：动态思维

美国人卡尔逊1937年发明了静电印刷术，当时科技界和企业界对此并没有重视，人们看不出它有什么应用前景。然而，纽约州哈雷施乐公司的领导人独具慧眼，认准了这项发明前途无量，理由是，它能摒弃蜡纸刻写，告别油墨印刷，极大地提高办公效率。该公司倾其所有，投资500万美元，组织技术力量研制复印机。经过长达10年之久的攻关，终于开发出第一台可以使用普通纸的"施乐"复印机。

杰出青少年往往具有类似前瞻性眼光的动态思维，他们清楚世界是发展的，所有的事物都是不断变化的，因此他们也运用动态的思维来思考，以发展变化的眼光看世界。

拒绝改变就是退步

拒绝改变，故步自封，只会让自己退步，这是动态思维的大忌。

著名家具店IKEA自从在瑞典成立以来，在欧洲市场一直都有非常好的业绩，所以在20世纪80年代末期，将触角延伸到美国。然而其在美国头几年的销售业绩不理想，一直都处于亏损状态，到底原因出在哪里呢？经过调查，认为是IKEA将欧洲人的生活习惯和思维模式带入美国，才导致产品与相应的推广计划水土不服，于是IKEA作出了一项决策：在美国的IKEA分店，一切都以美国人的观念为主。这些调整的措施包括了改成英制单位、依美国人习惯设计家具、规划宽大的结账空间、与当地厂商结盟并授权管理。采取这些措施后，美国的IKEA分店业绩便上升了三成，也不断地出现加盟分店，IKEA也在20世纪90年代成为美国人最喜欢的家具品牌之一。

人类是天生喜欢追求快乐、远离痛苦的动物，有许多行为就和这项准则相同。例如拒绝改变，便是一种远离痛苦的潜意识展现。为什么不想改变？许多人是因为过去在事业上获得成功，相信只要按照以往成功的公式复制就行了。他们同样长年累积了许多习惯，若是改变，无疑要重新花时间适应新的环境和工作流程，适应的过程可能不太好受，为了省掉这些麻烦，所以就有抗拒改变的心理。这种思想让我们变得保守，觉得还是维持现状好，以免破坏长年累积下来的成果。

不过我们也要想到，这个世界是一直在变化的，拒绝改变，其实也就拒绝了和世界一起进步、一起成长的机会。像IKEA这样，随时按照情势的变化调整自己的经营策略，才有可能跑在潮流和趋势的前面。

改变，便是让自己保持在不断汲取养分的状态下，有如武侠小说中的吸星大法，这会让自己更聪明、更有创意，离老化也愈来愈远。而故步自封只会让自己逐渐退步。

不要满足于眼前的成就

成长的路永远没有尽头，在不断前进的道路上我们不能满足于已有的小成功，要看到奋斗是无止境的，不要让小成功阻碍我们前进。

著名心理学家和心理治疗医生艾琳·C. 卡瑟拉，在其《全力以赴——让进取战胜迷茫》一书中讲了小小的成功不但迷惑人的心智，使人裹足不前，在自己的成绩簿上吃老本，而且极易使自己从此迷失。一位学者对38位诺贝尔奖获得者作了跟踪调查，发现这些人获奖前平均每年发表的论文数为6—10篇，获奖后则下降为3篇。有的

第十六章 故步自封是大忌：动态思维

政治家取得一系列成功后，因过分自信而造成重大失误；有的作家写出一两篇佳作后，再无新作问世。原因固然很多，但不能正确对待成功，不能说不是一个重要原因。而只有那些不断超越成功的人，才能不断取得伟大的成功。牛顿把自己看作在真理的海洋边捡贝壳的孩子。爱因斯坦取得成绩越大，受到称誉越多，越感到无知，他把自己所学的知识比作一个圆，圆越大，它与外界空白的接触面也就越大。科学无止境，奋斗无止境，人类社会就是在不满足已有的成功中不断进步的。

著名心理学家丹尼尔指出："我认为'成功'或者'胜利'这个词的定义是最大限度地发挥你的能力，包括你的体力、智力以及精神和感情的力量，而不论你做的是什么事情，如果做到了这一点，你就可以感到满足，我认为你便是个成功者了。"

具有动态思维的人懂得成功是没有止境的，成功后你就不会停留在顶端，像快乐的机器人那样行动，而是在成功之后取得更大的成功。

爱因斯坦说："如果有谁自己标榜为真理和知识的裁判官，他就会被神的笑声覆灭。"即使你已经取得了很大的成功，也绝不能自满，要培养自己的动态思维，千万不要生活在过去的荣耀之中。成功不是人生停留的归宿，也不允许昨天的成功影响今天的工作。以发展的眼光看，生活在于不断地奔跑，不断地超越自己的事业，而不在于成功目的的实现。

真正伟大的成功者是绝不停止成长的。

19世纪英国政治家，曾历任4届英国首相的鲍尔温在70岁时开始学习新的语言。

俾斯麦死时83岁，但他最伟大的工作是他70岁以后才完成的。

16世纪意大利的画家提香一直作画到99岁去世为止。

歌德是在他83岁去世的前几年才完成《浮士德》的。

天文学家拉布兰在79岁去世时说："我们知道的是有限的，我们不知道的是无限的。"

如果你渴望成功，让自己成长，不断成长，不论是精神或职业上，或是人际关系上，你就必须以过去伟大的人物当模范，就要培养动态的思维和发展的眼光，不要让小成功阻碍自己的进步。

第十七章

聚焦创造卓越：专注思维

> 专注才能保证观察的准确、深刻和持久，才能保证观察者不受其他因素的影响。如果不能专注于一件事情，即使再强的观察力也很难取得大的成就。集中注意力或精力可以说是大脑最基本的功能之一。一个人如果干什么事都无法集中精力，那么即使他头脑再聪明也必将一事无成。

把思维导入专一的路径

新思想以及其他积极乐观哲学思想的追随者，都使用相同的钥匙。这种"神奇之钥匙"构成一种无法抗拒的力量，所有的人都可以使用。

在这种神奇之钥匙的协助下，我们可以打开通往世界所有各种伟大发明的秘密之门。

假如你是位劳动者，担任的是仆役式的低级职位，并且渴望获得较高的地位。"神奇之钥匙"将协助你达到这个目的。卡耐基、洛克菲勒、希尔、哈里曼、摩根等人以及与他们同类的另外几十人都是在使用这种神奇的力量之后，成为了大富翁。

它将打开监狱铁门，把人类渣滓变成有用及值得信任之人。它将使失败者变成胜利者，使悲哀变成快乐。

你问道："这种神奇之钥匙是什么？"

我们的回答只有两个字："专心！"

希望大家能够清楚了解，我们并无意鼓吹神秘论，不过，我们不得不承认，世界上所有的科学家一直未能解释由"专心"协助产生的奇异现象。

我们在这儿所用的"专心"一词，系指一种能力，在固定习惯与练习之下，能够使你的思想集中在一个问题上，一直到你能够彻底熟悉这个题目，并能精通为止。

它也是指一种控制能力，可以控制你的注意力，把它集中在一个特定问题上，直到你把这问题解决了为止。它也是指把你渴望抛弃的不良习惯予以丢掉的能力，以及建立你比较喜欢的新习惯的力量。它也是指完整的自我控制（自制）。

换另一个方式来说，"专心"就是以你所渴望的方式来思考的这种能力；也就是控制你的思想，把它们引向一个明确目标的能力；也是把你的知识组织成为一个正确、可行的行动计划的能力。

观察要细致入微

法拉第曾经说过："没有观察就没有科学。科学发现诞生于仔细的观察之中。"我们总认为，生活中有些事物或现象是毫无价值、毫无用处的，但只要你专心致志地观察，会发现这个世界上没有什么事物是毫无价值的。

传说，两千多年前，有位青年不远万里来向自己崇拜的亚里士多德求教。后者问明其来意后，给了他一条鱼，让他去观察。这个青年十分纳闷：鱼天天吃，有什么好观察的呢？因此，他没有把这当回事，结果一无所获。后来亚里士多德仍然要求他继续对鱼进行仔细的、反复的、系统的观察，终于这位青年发现了"鱼没有眼皮"。

当然，这是一个笑话。

通过这个笑话，我们不难看出，要想得出"鱼没有眼皮"这个结论，就得认真观察，明察秋毫。球王贝利在总结自己的足球生涯时说："我踢球的最大特点是善于观察。"因此，我们说，贝利在球场上踢的是精明球，他不仅用脚在踢，最重要的是用眼去看，用脑去想，自然会成功。

就拿"竹"作为观察对象来说吧。画家文与可的"四季观察竹"，郑板桥的"晨起看竹",因目的不同,观察者所选择的角度就有明显的差别。

文与可曾经在他的住屋周围种了各式各样的竹子,一年四季观察不同竹子之间、同一种竹子之间的不同姿态,因而对各种竹子在不同季节所呈现的自然状态有透彻的了解。当他提笔画竹时,就"胸有成竹",能很快地画出各种各样的、不同季节的逼真的"竹图"。显然,文与可所观察的竹,立足于它的自然形态与季节变化的规律。

郑板桥观察竹,所选择的角度却是另外的情形。他说:"晨起看竹,烟光日影露气,皆浮动于疏枝密叶之间,胸中勃勃遂有画意。其实胸中之竹,并不是眼中之竹也。"由此可知,他此时所感的已非"眼中之竹",而是经过典型化、美化了的"胸中之竹"。这根本不同于那种自然状态下竹子所呈现出来的外部形象。

在观察中要想做到细致入微、明察秋毫,还必须从不同角度进行观察。因为即使是同一观察对象,由于观察者的立足点不同,选择重点也会不相同。

爱观察是青少年的天性,但往往半途而废,这于青少年的发展无益,而青少年朋友在生活中养成专注地观察事物的习惯,这也是培养青少年专注思维的重要内容。

将注意力集中在单一目标上

要培养你的专注思维、提高专注力,首先你要学会将注意力集中在单一的目标上。

第十七章 聚焦创造卓越：专注思维

在明确目标之后，你便已选好你的注意力应该集中的对象了。暂且忘掉那句老谚语："不要把所有鸡蛋放在一个篮子里。"你应该把鸡蛋放在一个篮子里，并集中你的注意力保护这个篮子，并将它带向市场。

控制注意力是协调所有思想能力并引导它们的共同力量为一个既定目标努力的过程，它一方面是其他许多项成功原则的自然产物；另一方面也是它们的重要辅助工具。

将注意力集中在单一目标上，是培养专注思维的保证。

英特尔是一家电脑芯片制造商，就因为它把全部资源放在制造更好的芯片上，致使这家公司在不到10年的时间里，就达到比电脑处理器速度快4倍以上的能力。它们以一年快过一年的速度设计，并引进处理速度更快的芯片。之所以有这样的成就，就是英特尔专心致力于微处理机的产制工作，而不去担心其他（例如软件或数据机之类）的事情。

卡朗是一家服装设计公司的女士职业服装的首席设计师，她的公司以女性管理人员为主要顾客。由于卡朗不把时间花在其他服装（例如牛仔裤或泳装）的设计上，致使她成为该类服装的主要设计公司。

朗格的涂料制造公司——凯乐朗格公司专注于工业用涂料的生产，你可能从来没有听过这家公司的名字，因为它生产的油漆和你所使用的家用油漆无关。它生产的是可以抵抗核熔化，或可涂在变压器上，数年之后仍不掉色的涂料，而且被公认为这一行最好的涂料制造厂商，就连白宫也使用它生产的涂料。

普鲁斯特专心致力于一件单一工作：写一系列"追忆过去"的小说，就是这份专注，使他成为20世纪的主要小说家之一。

特蕾莎修女专注于减轻印度穷人的痛苦，从这个个人使命出发，她已在全世界200多个地区付出了她的努力，并获得诺贝尔奖。虽然她的计划范围有所扩大，但是，她绝不会放弃她所专注的对象。

　　无论你打算做什么，你都必须专注于你的明确目标，"专注"会将你的明确目标的影像投射到你的意识上，并一直留在那里，直到这影像被潜意识和具体行动接收为止。

第十八章

前事不忘，后事之师：归纳思维

> 归纳思维是通过对某类事物中的部分对象进行分析，得出一般结论的思维方法。科学归纳，就是通过考察某类事物中的部分对象，并掌握对象和某种属性的必然联系，特别是事物之间的因果联系，从而概括出关于该类事物情况的一般性结论的推理。

错误是成长的阶梯

在漫长的人生道路上，每个人都期望自己事业成功，但是要追求成功，仅有学校的智慧是远远不够的，你还必须具备社会生活的智慧。生活是最严厉的老师，与学校书本教育的方式完全不同。生活的教育方式是你得首先犯错，然后从中吸取教训。

大多数人由于缺乏归纳思维，不知道从错误中悟出道理，所以只是一味地逃避错误，从而一错再错。他们却不知道，这种行为本身已铸成大错，还有一些人犯了错误却没能从中吸取教训。这些都是为什么有如此多的人总是循环往复地犯着自己以前曾经犯过的错误。在学校，你可能会因为没犯错误而被认为老实的学生；而在生活中，你的智慧恰恰是因为你犯过错误，并且能从中吸取教训。如果一个人真正从所犯的错误中吸取了教训，那么他的生活就会发生改变，他获得的就不仅仅是经验，而是智慧了。

几乎所有成功者的一生都可以证明，人生并不总是一帆风顺的。没有什么人会一帆风顺、不犯任何错误，可以做到自始至终皆是胜利者。你要懂得，做一点错事是在所难免的，问题的关键就在于，这种错误是会使你灰心丧气，还是成为你达到胜利彼岸的桥梁。

通用汽车公司的总经理斯隆就这样说过："人生本来就是一个充满试验和错误的过程，那些一生从来没有犯过错误的人，必定也是一生毫无成就的人。"

西北铁路公司的希尔先生对马尔可逊先生说："一点儿也没有犯过错误的人不是一个笨蛋，就是一个懦夫。我曾经做过许多错事，将来恐怕还会做许多错事，但是每次我总能从错误中学到一点东西。"

青少年应将生活中的其他不利因素当作修正方向，当作再度瞄准目标的工具。

从错误中学习的方法有：

（1）诚恳而客观地审视周遭情势。不要归咎于别人，而应反求诸己。

（2）分析失败的过程和原因。重拟计划，采取必要措施，以求改正。

（3）在重作尝试之前，想象自己圆满地处理工作或妥善地应付难题的情景。

（4）把足以打击自信心的失败记忆一一埋藏起来。它们现在已经变成你未来成功的肥料了。

（5）重新出发。你可能必须再三尝试这 5 个步骤，然后才能如愿达到目标。重要的是每尝试一次，你就能够增加一次收获，并向目标更前进一步。

坦然接受批评不是易事。我们都怕出错，自小师长便教导我们犯错是不好的事，会使我们失去亲朋好友的疼爱。但是我们可以努力使行动不受情绪左右。

受到批评，不必感到失望、不平或愤怒，而应把精力用来制定一项明确的计划，以平息批评，重新起步。与有关的人共同研究你的计划，不要浪费时间和精力彼此抱怨，应该共同努力，解决问题。

杰出青少年善于从错误中学习经验，吸取教训，培养自己的归纳思维，这也是提升自身能力的一种有效手段。

阅历是宝贵的财富

社会阅历是经过长时期的社会生活逐渐积累起来的，它需要人们在社会中摸索，在生活中感悟；需要人们发挥归纳思维，通过长时期一点一滴的归纳积累，形成自己的社会经验。

丰富的社会阅历对于一个人来说是一笔相当可观的财富。因为社会阅历丰富的人常常能够总结出自己人性的优点和弱点、自己成功的经验和失败的教训。社会阅历不丰的人通常很难看清事物的关键所在以及事物的变化趋势。正如人们年轻时常容易感情冲动，而随着年龄的增长，就会逐渐变得从容，体现出一种涵养，这正是社会阅历由浅薄变为丰富的一种结果。

三毛的一生，社会阅历可谓极其丰富多彩。这为她成为一名优秀作家提供了良好的条件。

获得丰富的阅历并非一朝一夕的事情，它需要一个过程。当然，生活中的一帆风顺并不利于一个人产生丰富的阅历。恰恰相反，挫折和失败却常常有助于社会阅历的积累。这一点对于三毛来说是再恰当不过的。挫折使她能够以更加深邃的目光来观察这个社会，以与众不同的笔锋来描绘这个世界。

三毛在台湾文化学院哲学系就读期间，爱上了本校戏剧系的学生梁光明。这次恋爱并不成功，三毛又经受了一次失恋的沉重打击。为了摆脱爱情的痛苦，三毛只身奔赴西班牙马德里大学哲学系留学。

感情的挫折没有吓倒三毛，也正是因为这次挫折，三毛才开始了她的天涯之旅，在世界各地的游历使她明白了人应该为什么生活，应该怎样生活。

1972年，三毛27岁。她认识了一位在台北一所大学教书的德国人。两个人很是投机，他们互敬互爱，这位德国人为人正派，年过不惑，对爱情也懂得珍惜。

经过一段时间的交往，这位德国人在一个星光闪烁的夜晚向三毛求婚，三毛答应下来。于是两人十分快活地为结婚做着必要的准备，他们都沉醉在爱情的甜蜜之中。

可是天有不测风云，就在两个人即将完婚的前一天晚上，三毛的未婚夫因心脏病发作，猝死在三毛的怀中。

这时的三毛心中有一种说不出的郁闷和伤感，她不知道上帝为什么总爱捉弄她，为什么将这么多的磨难降临到她身上。在这样愁苦的情绪中，她挥笔写下了《橄榄树》这首歌的歌词，后来这首歌成为台湾电影《欢颜》的主题曲，一时间风靡东南亚，经久不衰。

在三毛的情感世界中，最大的一次挫折是丈夫荷西的去世。

丈夫的丧生对于三毛的生活来说是一种莫大的不幸，可是对于她的文学创作来说或许有所助益。在荷西死后的一段时间里，三毛没有发表作品，但是丈夫的去世为她提供了良好的文学创作素材，她也需要通过自己的著作来表达对丈夫的爱。1981年，她的两部作品集《梦里花落知多少》和《背影》由皇冠出版社出版，这里边的绝大多数作品都是记录她和荷西的生活的。

对于一个作家来说，丰富的阅历和痛苦的人生可能更容易创造出优秀的作品。同样，多去尝试不同的事情，经历不一样的人生，获得更丰富的人生体验，发挥归纳思维，逐渐积累社会阅历，对于青少年健康的成长是具有积极作用的。

在优胜劣汰的竞争中成长

竞争是我们与生俱来的一种本能。达尔文指出，"适者生存""优胜劣汰"适用于万物的普遍法则。从体能上来说，人类并不像有些动物那样具有自我保护的能力。然而，相对弱小的人类能够繁衍至今，无疑应该给人类的竞争精神记上一笔大功。而更值得我们铭记的，是人们善于从竞争中获取经验的智慧。下面的故事就是很好的例子。

日本的北海道出产一种味道珍奇的鱼类——鳗鱼，海边渔村的许多渔民都以捕捞鳗鱼为生。但鳗鱼的生命非常脆弱，只要一离开深海区，要不了半天就会全部死亡。

当地的渔民想尽办法，仍然无法延长鳗鱼的存活时间。但奇怪的是有一位老渔民，天天出海捕捞鳗鱼，返回岸边时，他的鳗鱼总是活蹦乱跳的，而其他渔民所捕捞的鳗鱼几乎全是死的。由于鲜活的鳗鱼价格要比死亡的鳗鱼几乎贵出一倍以上，所以没几年工夫，老渔民一家便成了远近闻名的富翁。周围的渔民做着同样的营生，却一直只能维持简单的温饱。

临终之前，老渔民把秘诀传授给了儿子。原来，老渔民使鳗鱼不死的秘诀，就是在整舱的鳗鱼中，放进几条叫狗鱼的杂鱼。消息传出，当地渔民都不敢相信。原来，鳗鱼与狗鱼非但不是同类，还是出名的"对头"。几条势单力薄的狗鱼遇到成群的对手，便惊慌地在鳗鱼堆里四处乱窜。鳗鱼见有天敌来犯，个个如临大敌，内在的竞争力都给激活了，如此一来，反而延长了生命。

竞争是今天每一个人赖以生存和发展的法则。原地不动，你会被超越；发展缓慢，你会被超越；脱颖而出，你仍有可能被超越。然而，只有竞争而没有从竞争中积极地获取经验，从经验中获得进步，也会被超越。所以，对于青少年朋友来讲，培养归纳思维，善于从竞争中获取经验，是获得进步的良好办法。

第十九章
把潜藏的价值开发到极致：增值思维

> 简单地讲，增值思维就是在有些时候，在做某件事时，不妨打开思路，设想一下如何把它做得更漂亮、更有价值的思维方式。

让思维进行叠加

扩展思维的广度，也就意味着让思维的视角扩大一倍，让思维在数量上增加，比如增加可供思考的对象，或者得出一个问题的多种答案，等等。从实际的思维结果上看，数量上的"多"能够引出质量上的"好"，因为数量越大，可供挑选的余地也就越大，其中产生好创意的可能性也就越大。谁都不能保证，自己所想出的第一个点子肯定是最好的点子。

从思维对象方面来看，由于它具有无穷多种属性，因而使得我们的思维广度可以无穷地扩展，而永远不能到达"尽头"。扩大思维的视角，扩展一种事物的用途，常常会导致一项新创意的出现。比如，小小的拉链，最早的发明者仅仅用它来代替鞋带，后来有家服装店的老板把拉链用在钱包和衣服上，从此，拉链的用途逐渐扩大，几乎能把任何两个物体连接起来。

扩大思维的视角，也可以将不同的视角相加，就比如：

饼干＋钙片＝补钙食品；

日历＋唐诗＝唐诗日历；

剪刀＋开瓶装置＝多用剪刀；

白酒＋曹雪芹＝曹雪芹家酒。

这就是加法视角。

加法是最重要的组合方式。加法视角就是将双眼射向各种事物，努力思考哪几种可以组合在一起，从而产生新的功能。环顾办公室的用品、住宅里的用具，纯粹单要素的物件很少，大部分是复合物。社会的进步，永远离不开加法视角。

第十九章　把潜藏的价值开发到极致：增值思维

在我们所举的例子中，大部分是实物相加，珍珠霜里加珍珠，奶瓶上加温度计，手表上加指南针……都是一件实物加上另一件实物。加法手段多种多样，请看：

在市场上，中国、泰国、澳大利亚的大米声誉不错。中国大米香，泰国大米嫩，澳大利亚大米软。三者各有特色，各具优势。但奇怪的是，三者都销路平平，不见红火。或许是特色太突出而难以吊人胃口吧！米商很发愁，思考如何改变这种状况。

一天，米商突发奇想，将3种米混合起来如何？自家试着煮着吃，味道好极了。他如法炮制，自己"加工"出"三合米"，谁知得到了广泛的认同，赢得了一片好行情。人们说，这种米去掉3种大米过量的特色，又兼有3种米共同的优点。

三米合一，十分简单，却耐人寻味。它的神奇之处在于共生共存、取长补短——三优相加长更长，三短相接短变长；三者杂处，长处互见、短处互补。

由此推衍开去，我们可以想到鸡尾酒，想到酱醋辣的三味合一的调味品，想到农业上的复合肥，想到医药上的复方药……

当时的阿基米得看到水溢出澡盆，而找到鉴定王冠的方法。那是由于他一直在思索"怎样鉴定王冠"这个难题。这个难题就形成了他头脑中的一个视角，并把这个单一的视角加以"泛化"、扩大，使他在感知任何外界事物和现象时，都纳入这个视角之下，或者说，都与"鉴定王冠"联系起来，从而能够用与普通人不同的视角用联想思维，来观察"澡盆溢水"这一司空见惯的现象。

人的头脑中都储存着大量的信息，它原本可以绰绰有余地应付各种各样的问题，但随着时间的推移，这些信息会渐渐地被人们淡忘，在头脑中会变得模糊杂乱、支离破碎，甚至回忆不起来，自然很难利用。而增值思维能帮助我们挖掘出记忆深处的种种信息，把它们之间的联系在头脑中再现出来。

增值思维是青少年思维的一种，每个人在儿时都曾有过这样的经历：每当把手中的万花筒转动一下，或者再放进一块小玻璃，万花筒里就会又出现一幅新的景象。增值思维好比是一个万花筒。每当进行新的联系时，就好像把增值思维又转动了一次，再放进一块小玻璃，又一个美妙的新设想就能从这个万花筒里迸发出来。

让思维的视角再扩大一倍，扩大你思维的视角，让增值思维在你脑中自由地"驰骋"，天才思维自然形成于脑中了。

智慧决定事业高度

人人都有智慧，就看你会不会灵活地去经营你的智慧。积极地运用你的智慧，会更容易把事情做得完美。

著名企业家威尔逊在创业中，全凭个人奋斗，才有了出头之日，一跃成为国际假日饭店集团的老板。威尔逊之所以有这样的辉煌成就，是和他善于经营自己的智慧分不开的。

威尔逊创办新型假日酒店的想法，出自于一次开车旅行：1951年，威尔逊带着母亲、妻子和5个孩子，开车到华盛顿旅行，一路所住的汽车旅馆，房间矮小，设施破烂不堪，有的甚至阴暗潮湿，又脏又乱，几天下来，威尔逊的老母亲抱怨地说："这样的旅行度假，简直是花钱买罪受。"善于思考问题的威尔逊听到母亲的抱怨，又通过这次旅行的亲身体验，得到了启发。我为什么不建立一些方便汽车旅行者的旅馆呢？他经过反复琢磨，暗自给汽车旅馆起了一个名字叫"假日酒店"。

想法虽好，但没有资金，这对威尔逊来说，的确是最大的难题。拉募股，但别人没搞清假日酒店的模式，不敢入股。威尔逊没有退缩，心中只有一个念头，必须想尽办法，首先建造一家假日酒店，让有意

第十九章　把潜藏的价值开发到极致：增值思维

参股者看到模式后，放心大胆地参与募股。远见卓识、敢想敢干的威尔逊，冒着失败的风险，果断地将自己的住房和准备建旅馆的地皮作为抵押，向银行借了 30 万美元的贷款。1952 年，也就是他旅行的第二年，终于在美国田纳西州孟菲斯市夏日大街旁的一片土地上，建起了第一座假日酒店。

威尔逊是一位有作为、讲效益的经营者，他独闯难关，迈出了可喜的一步。他乘胜追击，为建立更多的假日酒店积极筹措资金。正在这时，威尔逊遇到一位知己威廉·华顿律师，他具有很强的分析能力和清醒的经营头脑。两人研究后一直认为募股应找那些愿意接受新思想、新事物、乐意为社会做好事的人参加，如医生、律师、牧师等中产阶级。经过认真准备，反复宣传，预备发行 12 万股股票，每股为 9.75 美元。奇迹出现了，12 万股的股票一天就卖光了。这笔来之不易的宝贵资金，帮他们又建成了 5 座假日酒店。后来，他用同样的方法，成功地将"假日酒店"迅速地发展到国外，并取得了满意的结果。

经营需要智慧，反过来，智慧也需要经营。对于同样的事业，有智慧的经营者能创造出更好的成绩。同样，对于同样智商的人，肯积极运用自己智慧的人会取得更好的成绩，会将事情做得更好，将增值思维运用得更好。

如果你对某件事深信不疑，你必然能到达成功的领地。用全部的智慧去体现你的价值，正是增值思维的实质所在。

思维转换，财富自来

有时，在做某件事时，不妨打开思路，设想一下如何把它做得更漂亮、更有价值。

沈阳市有个以拾破烂为生的人，名叫王洪怀。有一天，王洪怀暗中问自己：收一个易拉罐，才赚几分钱，如果将它熔化了，当作金属材料卖，是否可以多卖些钱？于是，他把一个空罐剪碎，装进自行车的铃盖里，熔化成一块指甲大小的银灰色金属，然后花了600元在市有色金属研究所做了化验，人家告诉他，这是一种很贵重的铝镁合金。他算了一笔账：当时市场上的铝锭价格，每吨在14000—18000元，每个空易拉罐重18.5克，54000个就是1吨——卖金属比卖易拉罐要多赚六七倍的钱。

他决定回收易拉罐熔炼。为了吸引人们交售空罐，他把回收价格从每个几分钱提高到每个一角四分，又将回收价格以及指定收购地点印在卡片上，向所有收破烂的同行散发。

一次小小的思维转换，财富就滚滚而来。

过了一周，王洪怀骑着自行车到指定地点一看，令他大吃一惊：只见一大货车在等待他，车中装的全是空易拉罐。这一天，他回收了13万多个，足足两吨半。

王洪怀立即办了一个金属再生加工厂。就这样，他在一年之内，用空易拉罐炼出了240多吨铝锭，在3年内，赚了270万元。他从一个"拾荒者"一跃成为百万富翁。

鄂西北某山区有座狮子山，山上的石头奇形怪状，质地松软。当地农民用钢钎、锤子开凿下来，送到城里去卖得6元钱一吨的"好价钱"，一年每人可收入1.5万元。后来农民们发现，城里人用这种石头垒成假山，一吨可得工艺费七八十元，于是他们也学着垒假山，一吨石头从6元提高到80元。他们又去北京考察，发现山上产的沙积石，1公斤竟能卖出好几元钱。眼界打开了，这些农民更加珍惜乡土资源，他们研制的"电子电声喷雾盆景"，每盆卖2600元。后来，这个山区的农民都富了起来。

培养增值思维，要求青少年在做事情或是思考问题的时候，能够打开思路，多思考如何将事情做好，将价值最大化。

第二十章

要事第一：重点思维

> 重点思维是一种找出重点、抓住关键、高效解决问题的经典思维方法。没有重点的思考，不分主次的做事会浪费许多不必要浪费的精力。经过思考找出重点，把握关键，从重点问题或关键环节突破，才能节省时间、精力，将事情尽快做好。
>
> 重点思维，就是直指问题的本质，将重要的和不重要的事实分开处理，从关键的环节突破的一种思维。从重点问题突破，善于把握做事的关键，是我们应具备的重要思维方法之一。

一招鲜，吃遍天

缺乏重点思维的人，往往样样通，却样样松。青少年朋友注意博采众长并不是坏事，但切记千万不要什么都学，没有一技之长，到最后只能是一事无成。

一个问题最近老是困扰着小蝴蝶，于是有一天，它飞到一棵桃树上，问道："桃树大哥，你每年都开同样的花，这是为什么呀？我知道了，你肯定是懒惰，不想创新，不想来点新花样，对不对？"

桃树笑问道："什么才叫作'同样的花'呢？按你的意思是说，如果开不一样的花，那就是创新了？"

小蝴蝶思索了一会儿，回答道："'同样的花'就是说你每年都是开桃花，我不明白，你为什么会这样呢？要是能够开开苹果花、枣花、李子花什么的，那就好了。"

桃树大吃一惊，"啊？如果一棵桃树上又开苹果花、又开枣花、又开李子花，那不成了大杂烩了吗？"

"大杂烩？大杂烩是什么花呀？"小蝴蝶不解地问，"我还没有吃过大杂烩的蜜呢！哪儿有啊？"

桃树无言以对。

小蝴蝶糊涂了，它越想越不明白，越不明白就越不高兴，越不高兴就越责怪桃树。于是，它飞走了。它要去寻找桃树所说的大杂烩。

或许，对小蝴蝶来说，它真的需要"大杂烩"；但是，对于桃树而言，"大杂烩"是绝对要不得的！这个道理，小蝴蝶什么时候才能明白呢？

上面这个故事虽然浅显，却不易懂，文中所指的"大杂烩"即是什么都学，却没有一技之长的人。你是大杂烩类的人吗？如果不是，那么恭喜你！在我们的生活中，"开大杂烩花"的人不在少数，并且朝着这个方向努力的也大有人在。殊不知，像这种"大杂烩"，只不过是平庸的代名词。

要知道，"大杂烩"的深层概念是，方方面面都涉及一点点。世上便有这样一种人，就是什么都想学会，什么都投入时间和精力，但什么都浅尝辄止，到头来，什么作为也没有，一辈子碌碌无为。这样的人往往找不到重点，不清楚自己应该学哪一种技术，将精力放在哪一方面。

大杂烩的人永远学不会一技之长，因为他总是想着样样出类拔萃，理所当然地忽视了他的特长。

大杂烩的人一辈子都在想着奋斗，想着在各个领域有所成就，一千个奋斗梦想，却难圆一个。

大杂烩的人不乐意日复一日、年复一年地做同样的事情，他喜欢不断地变花样，不断地尝试新的事物，而最终只是追逐着一个肥皂泡般一触即破的梦想。

大杂烩的人早就忘了"扬己之长，避己之短"的千古名言。他拼命地想要扬己，不管是自己的长处还是短处，总想着要修补不圆满的人生，到头来不圆满的还是不圆满，圆满的也变成了不圆满。

大杂烩的人从不考虑自己的实际情况，自己的成长到底最需要什么，而不是想要什么。也从不运用重点思维，找出自己最需要的是什么。

因此，青少年朋友千万不可像文中所讲的"大杂烩的人"一样，样样都学，然而到头来没有一样学得精通。培养自己的重点思维，不要事事都顾及，要有侧重地学习技能，拥有一技之长的人才能立得久。

理清头绪，把握关键

重点思维要求我们，在面对比较复杂的问题时，要理清头绪，如果不找出关键所在，那么你的努力也是徒劳。

俊贤现在是公司的骨干，处理事情果断有序，深得老板赏识。可他在刚加入公司时，却是一个做事慢吞吞，而且不分主次的年轻人，还差点被老板给辞掉。那么，为什么他被留了下来，而且自身的进步很快，让老板非常赏识呢？那是一次让他终生都不能忘掉的经历，因为那次经历他才有了今天的成绩。

俊贤刚刚加入公司时，不仅做事效率低，而且不分主次。老板安排他做几件事，往往都是做了次要的，主要的事情却没有完成。即使是时间不充足的情况下，他也不分主次，而是按老板安排事情的先后顺序做。有一次，老板让他把半年来公司的业绩统计一下，做一个明细表出来，并且要求在3天内做好；可下午又让他准备好一些资料，晚上要用这些资料和一个客户谈生意。俊贤下午在做业绩明细表时，想着准备资料很简单，老板用的时候再拿也不迟，就这样他继续做着明细表。可到了晚上老板向俊贤要资料时，俊贤手忙脚乱地到处找，平时资料都很全，今天却缺了很多，重新做已经来不及了，气得老板狠狠地训斥了他一顿，并且说："如果今天的生意谈不下来，你明天就不用上班了。"俊贤站在那里后悔不已，可是已经晚了。

第二天，老板告诉俊贤客户没有表示跟他们合作，也没表示不跟他们合作，但是凭老板的经验这笔生意多数成不了，老板对俊贤说："今天你去和客户谈，如果谈成了，你不但不被公司辞退，而且会加薪。"俊贤心里不安，因为他从来没有单独跟一个客户谈过生意。可现

第二十章　要事第一：重点思维

在是非去不可，老板告诉他客户的名字叫安德鲁，住在离公司不远的一个酒店。

俊贤来到这个酒店，坐在大厅里想着该如何去跟客户谈，可是他根本不知道该怎么做，这事对他太重要了。正在他不知所措时，一个中年人坐在了他的对面，看他焦躁的样子便问："你心里有烦恼？"此时俊贤想寻求帮助，于是把事情的经过说了一遍，中年人对俊贤说："年轻人，你也许还不知道你自己就能决定一切，可是你没有重视这一问题。"俊贤怀疑地说："我可以决定一切？"

"当然可以，你愿意听吗？"

"我不但愿意听，而且非常感谢。"

"你看，你现在正准备和客户谈生意，可是你坐在这发呆，想一些无关紧要的事，而那些事都是在你和客户谈过生意后才会发生的。你没有分清主次，没有认识到你将要做的事才是主要的。如果是我的话，我可能会选择翻资料，并且把主要的内容熟记，以化解客户心里的疑问。那些你所想的事都是次要的，它是将来该发生的事情，你不必为那些还没有发生的事烦恼，重要的是做好你现在要做的事。好了，我只能和你谈这么多，因为我还要去参加一个会议，祝你好运。"说完他就走了。

俊贤听了这些话大受启发，心里也开朗了许多，也有了精神，他拿起资料翻了几遍，很快熟记了上面的主要内容，然后敲开了安德鲁先生的房门。

办事情要抓关键，要有重点思维，就是要找出人生中最重要的花草，全力去栽培。而且播种、灌溉、除草，每个关节都不能忽略，也就是将人生的圆满建立在"重要性"的观念架构上。每周只需花费30分钟，你就能得到数倍的效果。而且不管你目前的生活品质如何，运用以下方法就能立竿见影。制订人生关键的实施计划，发挥潜能以追求符合自然原则的圆满人生。

当你开始为下周生活作安排时，第一步应探讨你整个生命中最需要办的关键的事情是什么？你的人生意义何在？要想得到答案，你必须先对下面问题有明确的期许：

第一，什么是最重要的事？

第二，你的人生意义何在？

第三，你希望成就什么或完成什么？

青少年在未来的成长道路上，必须掌握什么事是你必须去做的，什么事是会浪费你的精力的。这样你的重点思维才会得到锻炼，你的人生才会因此与众不同。

别为细枝末节的小事困扰

重点思维就是善于抓住重点，也就是先做最重要的事情。

伯利恒钢铁公司总裁理查斯·舒瓦普，在公司初创时常常为自己和公司的低效率而忧虑，便向效率专家艾维·李请教，艾维·李给他的建议是：

"把你明天必须做的最重要的工作记下来，按重要程度编上号码。最重要的排在首位，以此类推。早上一上班，马上从第一项工作做起，一直做到完成为止。然后用同样的方法对待第二项工作、第三项工作……直到你下班为止。即使你花一整天的时间才完成了第一项工作，也没关系。只要它是最重要的工作，就坚持做下去。每一天都要这样做。在你对这种方法的价值深信不疑之后，叫你公司的人也这样做。"

5年后，伯利恒钢铁公司从一个鲜为人知的小钢铁厂一跃成为最大的不需要外援的钢铁生产企业，理查斯·舒瓦普也成为一名举世闻名的钢铁大王。

第二十章　要事第一：重点思维

青少年在做事的时候，一定要如艾维·李所教的一般——先弄清什么事才是最重要的——这个方法适用于任何一个现代人，尤其是正在逐步接触这个纷繁复杂的世界、学习工作都很繁忙的青少年朋友们。

随着年龄的增长和视野的开阔，我们在日常的学习和工作中会面临愈来愈多的问题，每天也都会面对许多需要做的事情，甚至会出现一些预料之外的事情让我们措手不及。置身于其中，我们有时真的会感到眼花缭乱，但这些事情都与我们有关，都必须去处理。

于是，有的青少年会因此慌了手脚，对所有问题都不分轻重地揽过来，只顾不停地做事，却少有梳理头绪的方法，最后，不但没处理好事情，还使自己产生了厌倦情绪。

而真正有智慧的青少年不论自己处于多么复杂的环境中，都会停下来审视一番，利用重点思维，把事情分为轻重缓急，先把那些最重要、最紧急的事情做了，再做那些不重要、不紧急的事情，甚至放弃那些没有意义的事情，这样既节省了时间，又有效地提高了处理事情的效率。

哈佛商学院可谓如今美国最大、最富有、最具名望、最具权威的管理学院，他们在教学中经常会给学生讲述一种很有效的做事方法：80对20法则。即任何工作，如果按价值顺序排列，那么总价值的80%往往来源于20%的项目。

简单地说，就是如果我们把所有必须做的事情，按重要程度分为10项的话，那么只要把其中最重要的两项干好，其余的8项工作自然能比较顺利地完成了。

这也就是说，如果我们要把手中的事情处理好，就要学会选用重点思维，就要分清事情的轻重缓急，学会抛开那无足轻重的80%，敢于舍弃一些细枝末节的小事，把自己的时间、精力全部集中在那最有价值的20%中去，这是高效率做事的一个妙招，也是成功者们的共识。坚持这个原则，会给我们的学习、工作和生活带来意想不到的收获。

可见，一个人能否在社会上站得住、行得开，关键在于他能否把握住最重要的事，是否具有重点思维。善于从诸多事情中抓住大事，从大事中把握好最重要的事，应该是每一个青少年都应努力学习的必修课。

第二十一章

做个高效能人士：效率思维

> 效率思维，就是有意识地将效率作风贯穿在思维活动中，以期取得卓越成效。对于成功者而言，效率即时间，即生命。

找对方法，事半功倍

"你很忙吗？"这个问题得到的答案惊人的一致——"忙！"而且通常是有气无力的回答。我们身处一个异常忙碌的社会，不管是父母，还是所谓知识工作者或专业人士，甚至是处在最自由年龄的青少年，每个人都非常忙碌。

实际上，这背后有3种忙碌：一种是忙碌，但尚未学会提高做事的效率，这些人常常会感觉被近乎疯狂的时间表逼疯；一种是忙碌，但已经学会应对与取舍；第三种则是假装出来的忙碌，因为他们几乎已经开始把忙与成功、闲与失败联系到一起。

"这封信居然写了一天还没有写完，既然这么晚了，就留到明天继续写吧。"

"其实，看完电视剧再去锻炼也来得及。"

"噢，等会儿，等会儿，等会儿……"

上述类似情形可能曾出现在你身上。青少年朋友，成功与失败的关键在于你做事的效率。如果只知道盲目地下功夫，而不讲方法，不讲技巧，只能得到事倍功半的效果。

有这样一个小故事。

中午吃饭的时候，妻子对丈夫说："家里快没有柴烧了，你今天下午再劈一些吧。"吃完饭后，丈夫拿了把斧子便开始劈起柴来，汗流浃背地干了一下午。到做晚饭的时候，妻子去取木柴，发现丈夫面前只堆了一小堆柴，很生气地说："我说让你今天下午劈柴，你到哪儿去了，怎么才劈了这么一点？"丈夫边擦汗边说："没见过这么难劈的木柴，简直硬得像石头，我劈了整整一下午，都快把我累死了，就劈了这么多。"妻子说："怎么会呢，让我看看。"她看了看那些木柴，又看了看斧头说："斧头的刀口都钝成这个样子了，你怎么不去把它磨一磨呢？怪不得你忙了半天才劈这么点木柴，就会瞎出力。拿磨刀石把斧头磨一磨，你就省劲了。"

磨刀不误砍柴工。青少年朋友，要想成功，我们必须讲究方法，提高自己的学习和工作的效率。这要求我们平时就要注意发现问题，进行独立的思考，做事时才能采取正确的方法和手段，达到事半功倍的效果。

一天早晨，一位公司的经理前去拜访卡耐基先生。他看到卡耐基干净整洁的办公桌感到很惊讶，他问卡耐基道："卡耐基先生，你没处理的信件放在哪儿呢？"卡耐基说："我把所有的信件处理完了。""那你今天没干的事又推给谁了呢？"那位经理追问道。"我把今天所有该处理的事情处理完了。"卡耐基微笑着回答道。看到这位经理困惑的样子，卡耐基解释道："原因很简单，我知道我所需要处理的事情很多，但我的精力有限，于是我按照要处理的事情的重要性，列一个顺序表。然后就一件件地处理。结果，完了。"说到这里，卡耐基双手一摊，耸了耸肩。"噢，我明白了。"这位经理就这样找到了提高做事效率的方法，几年后成为美国社会成功人士的佼佼者。

大多数人都有这样一个经验：对效率造成影响的并不是那些难度大的事情或者重要的事情，而往往是一些烦琐的小事。一项调查统计表明，一般公司的职员每天要花 2—3 小时寻找乱堆乱放的东西。每年因东西摆放不整洁和无条理，要花去 20% 的工作时间。因此，我们青少年平时就要养成整洁和条理的习惯，这是提高我们个人价值和工作、学习效率的重要措施。

就像用废纸练习书法一样，平常的日子总会被我们不经意地当作不值钱的"废纸"，涂抹坏了也不心疼，总以为来日方长，平淡的"废纸"还有很多。但生命非演习，而是真刀真枪的实战。生活也不会给我们"打草稿"的时间和机会，要想生活不留遗憾，就要努力培养自己的效率思维，提高自己做任何事情的效率，否则待到你漫不经心地写完"草稿"，人生也会成为无法更改的答卷。

注重条理，提升效率

许多青少年学习没有计划、没有条理，只是老师教到哪儿看到哪儿，老师讲了就听，不讲就不看，有的甚至不听也不看。这样的习惯会严重地影响学业。

有的青少年在学习过程中能充分地利用时间，把精力全部投入到学习中去。但仅有这些还是不足的，只投入精力而不重视有条不紊的学习习惯，其效果也不明显。

学习固然重要，但怎样学习就更重要了。养成一个有条不紊的学习习惯，对于青少年培养效率思维，提高学习效率有着重要作用。

史密斯是一名高二学生，尽管他学习很努力，可是学习成绩一般，其原因是学习方式有问题。史密斯平时的学习非常努力，每当从早上开始上课到晚上下课，几乎看不到他走出教室。早上很早就起床，晚上很晚才睡下。看到他这种学习态度，一定会认为他的学习成绩非常好。可他的成绩并非想象中那样优秀。

老师看他如此努力，成绩却一般，于是想帮帮他，就把他叫到办公室和他谈话。老师说："史密斯，你不觉得你的努力并没有使学习的效率有所提高吗？"史密斯说："我知道，正因为这样，我才要更加努力学习。"

老师说："史密斯，其实学习不是你埋头苦学就能提高的，重要的是方法。"

史密斯说："学习不是只要努力就能学好吗？"

第二十一章 做个高效能人士：效率思维

老师说："光努力是不够的，重要的是培养有条不紊的学习习惯，抓住重点进行学习，只有这样才能提高你的成绩。"

史密斯说："那我该怎样去做呢？"

老师说："比如你上课记重点，早晚加以复习，另外多注意休息，应该能提高你的成绩。"

从此以后，史密斯开始注意培养良好的学习习惯。他上课专心听讲，做重点笔记，下课后就休息一会儿，和同学聊一会儿天。早上起来对一天的课程进行预习，晚上睡前再把一天所学的知识复习一遍。就这样，没过多久，史密斯的成绩果然提高了很多。

学习上有了计划，肯定能事半功倍；而漫无目的地埋头苦学，是不可能有太大成效的。

在这个发展迅速的时代，时间观念在人们的心中也越来越强。你可能会因为一次没有准时赴约，而很难向对方解释清楚；你也可能因为总是迟到而影响你的学习成绩，并导致其他人改变对你的看法。因此，只有养成有条不紊的习惯，你才能按部就班，这对于青少年很重要。

有条不紊的学习习惯要求青少年必须树立正确的时间观念，做到准时。如果没有准时的习惯，那么你的学习秩序也会被打乱。比如，你早上准备读书，可是你迟迟不愿起床，那早上的学习内容就只好推到了明天或者被省去；比如你晚上要复习功课，你却因为白天的作业没有及时完成而把复习的任务推到明天。

养成有条不紊的学习习惯，也和其他习惯一样，要早日培养，并且坚持下去。如果你坚持做下去，坚持养成有条不紊的学习习惯，那么将会大大提高你的学习效率，进而培养自己的效率思维。

有效的时间管理

生命是由时间组成的,时间的长短决定了生命的长短,时间的安排如何,决定了做事效率的高低以及生命的价值。我们发现,我们平均每日可支配的自由时间只有 68 分钟,这说明,我们没有足够的可自由利用的时间,相反,我们被"安排"得满满的,疲于奔命,而失去了料理自己生存空间的机会和能力。为了提高效率,培养效率思维,青少年对时间安排应该做些什么呢?

1. 争取自由支配的时间

自由支配的时间,意味着青少年有了实现自我、用创造性的方法表达自我的机会。剥夺青少年的自由支配时间,实际上是在剥夺青少年成长和发展的机会。对城市青少年的调查表明:有更多自由支配时间的青少年,自信心更强,并且比自由时间较少的青少年有更强的成就需要。因此,青少年应转变观念,给自己争取足够的自由支配时间,有效地利用时间,发现生活的乐趣,展示自己的才华,使自己能够更健康、更自然地成长!

2. 订立时间表

青少年依据个人喜好订立的时间表,在时间安排上比较灵活、宽松,那么青少年自然会比较主动地按时间表做,当青少年管不住自己的时候,遇到家长提醒,也不会有逆反心理,做起功课来效果也就会好得多。除了做功课,青少年还可以和家人一起制定工作、生活等方面的多种时间表,让青少年从内心深处得到最大的满足,从而能够调动各方面的积极性。

只有处于内在精神满足的平衡状态下,一个人才能够发挥出最大、最持久的潜能。人对内在精神满足的追求才是成功持久的动力。制定了时间表，青少年还应要求自己主动执行，让自己学会对自己负责，对自己的将来负责。

在制定时间表时，一定要注意长、短期计划相结合。

长期计划是指在一个较长时间内应当达到的目标，它的第一步，是注重我们内在的思想感情，而不是只关心我们表露在外面的不满与反抗。至于短期计划虽然只是每天的具体作息表，却也应当注重"模糊概念"，如避免具体规定每天几点几分该起床睡觉，几点至几点上床，作业一定在看电视前完成，看电视的时间在多少时间内等。

总之，只有制定有弹性、符合青少年性格的时间表，才有助于青少年养成有规律的学习、生活习惯，才有助于青少年提高学习、做事的效率。

第二十二章

做事要三思而后行：谨慎思维

> 做事只有良好的愿望是不够的，如果缺乏对问题的深思熟虑，动机和结果达不到应有的统一，就可能导致事倍功半，甚至事与愿违。谨慎思维要求我们要多三思而后行，谨言慎行，以免取得适得其反的效果。

处理事情切忌草率与仓促

谨慎思维要求我们将做某一事情时，应当思考周全了再去做，这样就会起到事半功倍作用，否则就可能使自己吃尽苦头。做起事来毫无头绪是很难奏效的。

通常情况下，考虑周全再行动，大致可分为3个阶段：了解事情经过；思考其利害关系的影响；采取相应的行动。这样，你行动的目标才更明确、更有意义。

1. 了解事情的经过

我们在处理事情时，一定要对事情进行全面思考，弄清事件的来龙去脉，并把握住事件的本质。

通过对事情的了解，你就能想出更好的办法去解决问题。由于你事先对事情的各方面因素有所了解，那么在采取应对措施时也得心应手，不会因为对事情的无知，而使你的行动鲁莽、仓促，既能有效地解决问题，又避免了难堪的局面，同时能提高你的信任度，给你周围的人留下一个成熟、稳重的印象。

2. 思考事情的利害关系

处理事情时，思考事情的利害关系能直接影响事情的结果。事情处理的好与坏，很大程度上取决于你对事情的了解，以及经过权衡利害关系之后得出来的判断及行动。思考利害关系是对事情判断的重要环节。

有些青少年由于不成熟而在处理事情时往往草率和仓促。这就要求青少年要利用好谨慎思维，要善于把握事物之间的联系，权衡其利害关系，巧妙地寻求新的机会，把繁杂的变简单。同时，要做到这一

第二十二章 做事要三思而后行：谨慎思维

点，就必须对事情进行认真思考。

卡利斯是一家公司的部门主管，他很年轻也很有能力，得到上司的信任，卡利斯也不负所托，把事情处理得非常好，可是有一次，他险些犯了一个大错误。

那一次，卡利斯接到一个大客户的电话，大客户要求和他们签一个正式的合同，于是卡利斯欣然同意了，请对方到公司来洽谈一下这方面的业务。那位客户的到来让卡利斯兴奋不已，因为如果这个合同签下以后，卡利斯不但能得到丰厚的奖金，而且能晋升。就这样，他代表公司与大客户进行谈判。

他们的谈判进展顺利并且草签了协议，当卡利斯欣然拿着协议向老总汇报情况时，老总拿着协议仔细地看了一遍，然后对卡利斯说："我对其他都很满意，只是这一条有些疑惑。"卡利斯说："哪一条？"老总说："以前我们跟他的付款方式，是他先付一半定金，然后才可以给他发货，可这一次，他要了那么多的货，可定金只有10%，这有些草率，你认为呢？"

卡利斯则不以为然地说："他和我们合作这么长时间了，应该没有问题。"

老总说："做事情不要凭着主观判断，更没有应该与不应该。这样吧，你再和他商谈一下这个问题。"

卡利斯只好又和大客户进行商谈，可大客户无论如何都不肯把他的定金加到一半，并且愤然离开。这倒引起了卡利斯的怀疑，因为无论如何都不该出现这种局面。于是卡利斯通过调查，发现那个大客户已经快要破产了，因为经营不利，他根本拿不出更多的钱。当卡利斯将情况汇报给老总后，老总对他说："年轻人，今后做事，要先考虑一下利害关系，然后再作决定。"

其实在生活中常常会出现这种情况，因为我们对事物的直观判断失误而作出错误的决定。这样做的后果往往难以想象。像卡利斯那样，一旦签订了正式合同，那公司就会蒙受巨大的损失，而卡利斯的信任度会大大降低。因此，我们在做事情前要思考它的利害关系，然后才可行动。

3. 采取相应的行动

在你考虑成熟之后，就要马上采取行动。

思考周全再行动，是让我们达到目标的一个重要的前提条件，也是青少年朋友完成人生目标的一个重要的思维方式，是谨慎思维的科学运用。只要能做到思考周全再行动，我们的生活、学习之路将会愈加宽广。

勤于思考，善于思考

从小，我们就常听人说"做事要三思而后行"，意思是在做事前要经过多次考虑，然后行动。虽然这个哲理在我们的脑海里早已经根深蒂固，但现在能够真正去遵照执行的青少年屈指可数。

青少年思想开放、敢作敢为、勇于冒险，属于做事比较冲动的人，在做事情的时候往往直接根据第一感觉去做，这对于开拓新的学习领域、创造新的生活方式有着十分积极的作用。

但是，如果我们完全凭着一种"血气方刚"的意气之勇行事，那么，对于事情的考虑就不会很周全，甚至很可能会丧失理智，从而造成严重的后果。

现实生活中常有这样的现象发生：有些青少年虽有做好事情的良好愿望与动机，但由于对一些问题缺乏深思熟虑，动机和结果达不到应有的统一，以致事倍功半，甚至事与愿违。

那么，怎样才能做到动机与效果的统一呢？"三思而后行"，就是老祖宗给我们开好的一个屡试不爽的良方。我们遇事应学会冷静，懂得三思而后行，并善于反思反省。这样，不仅可避免因冲动产生的不愉快，而且可以博得他人的信任，更加自如地掌控事态的发展。

当然，倡导"三思而后行"，并不是要求我们过度地谨小慎微，更不是让大家遇事优柔寡断拿不定主意，而是劝告大家遇事多动一动脑子，周密考虑，特别是在一些关键时刻、关键问题上，不要人云亦云、信口开河，不要心血来潮、随心所欲，而应该多问几个为什么。

因为我们思考问题的过程就是分析、研究的过程，就是由此及彼、由表及里、去粗取精、去伪存真的过程，也是不断提高做事科学性的过程——思之越深，析之越透，做事才越有成效。

有人说，不会思考的人是庸才，不敢思考的人是奴才，不愿思考的人是懒汉，只有善于思考的人才是真正的人才。此言不无道理——

如果我们仔细想想父母鬓边的风霜，又怎么会和他们顶撞呢？

如果我们细细咀嚼老师语重心长的教诲，又怎会荒废学业呢？

如果我们认真听听那时光匆匆离去的脚步声，又怎会"老大徒伤悲"呢？

如果我们好好考虑事情的后果，又怎会犯下许多过错？

可见，凡事再三思量未尝不是一件好事。我们必须明白，虽然我们经常强调"事在人为"，但不是什么事情用蛮干都能行得通，用强力去实行，有时反而可能会弄伤自己的手。

青少年往往比较爱冲动，只有多运用谨慎思维，遇事多深思勤思，才能真正明辨是非，减少失误，少走弯路，真正对自己的行为负责。

面对表象，勿妄下结论

拥有谨慎思维的人，懂得眼见不一定为实的道理，他们往往并不凭第一眼的印象就下结论,而是通过调查研究,得出真正科学正确的结论。

一户人家养了一条狗、一只猫。

狗是勤快的。每当主人家中无人时,狗便竖起耳朵,虎视眈眈地巡视在主人家的周围,哪怕有一丁点儿的动静,狗也要狂吠着疾奔过去,就像一名恪尽职守的警察,兢兢业业地为主人家做着看家护院的工作。每当主人家有人时,它的精神便稍稍放松了,有时还会伏地沉睡。于是,在主人家每一个人的眼里,这条狗都是懒惰的,是极不称职的,便也经常不喂饱它,更别提奖赏它好吃的了。

猫是懒惰的。每当家中无人时,便伏地大睡,哪怕成群的老鼠在主人家中肆虐。睡好了,就到处散散步,活动活动身子骨。等主人家中有人时,它的精神也养好了,这儿瞅瞅那儿望望,也像一名恪尽职守的警察,时不时地它还要去给主人舔舔脚、逗逗趣。在主人的眼中,这无疑是一只极勤快、恪尽职守的猫。好吃的自然给了它。

由于猫的不尽职守,主人家的老鼠越来越多。终于有一天,老鼠将主人家最值钱的家当咬坏了,主人震怒了。他召集家人说:"你们看看,我们家的猫这样勤快,老鼠都猖狂到了这种地步,我认为一个重要的原因就是那条懒狗,它整天睡觉也不帮猫捉几只老鼠。我郑重宣布,将狗赶出家门!"

于是,狗被赶出了家门。

巴尔扎克曾经说过这样一句话:"要想看清舞台上演员的表演,就必须站在幕后看一看,想一想。"透过现象看本质,虽是老调重弹,却不容易真正做到,这需要丰富的知识和阅历。

眼见不一定为实,我们眼睛的第一印象常常欺骗我们。其实我们看看魔术师的逼真表演就会明白,眼见的真实不过是一系列的"假象"。

两个旅行中的天使,到一个富有的家庭借宿。这家人对他们并不友好,并且拒绝让他们在舒适的客房里过夜,而是在冰冷的地下室给

第二十二章 做事要三思而后行：谨慎思维

他们找了一个角落。

当他们铺床时，较老的天使发现墙上有一个洞，就顺手把它修补好了。年轻的天使问为什么，老天使答道："有些事并不像它看上去的那样。"

第二晚，两人又到了一个非常贫穷的农家借宿。主人夫妇对他们非常热情，把仅有的一点点食物拿出来款待客人，然后又让出自己的床铺给两个天使。

第二天一早，两个天使发现农夫和他的妻子在哭泣，他们唯一的生活来源——那头奶牛死了。年轻的天使非常愤怒，他质问老天使为什么会这样。第一个家庭什么都有，老天使还帮助他们修补墙洞；第二个家庭尽管如此贫穷，却还是热情款待客人，老天使却没有阻止奶牛的死亡。

"有些事并不像它看上去的那样。"老天使答道，"当我们在地下室过夜时，我从墙洞看到墙里面堆满了古代人埋藏的金块。因为主人被贪欲迷惑，不愿意分享他的财富，所以我把墙洞填上了。昨天晚上，死亡之神来召唤农夫的妻子，我让奶牛代替了她。所以有些事并不像它看上去的那样。"

谨慎思维要求我们，在生活中遇到事情要多思多想，不要听到些什么或看见些什么，就妄下结论。人的感觉器官是用来搜集信息的，如果不经过大脑分析就下定论，就会产生错误，甚至会伤害到你的亲人和朋友。所以下结论和行动之前一定要谨慎再谨慎，不要凭第一印象下结论，否则就会酿成大错。

第二十三章

九尺之台，起于垒土：积累思维

> 在这个世界上，拥有金钱似乎并不难，难的是始终拥有希望和奋斗的动力。人的成长如逆水行舟，不进则退，一个人的成长是一个不断积累的过程，"九层之台，起于垒土；千里之行，始于足下"，每天进步一点点，我们就可以获得最后的成功。
>
> 积累思维，可以用华罗庚的话解释：对悬崖峭壁，一百年也看不出一条缝来，但用斧凿，能进一寸进一寸，能进一尺进一尺，不断积累，飞跃必来，突破随之。没有人能一步登天，一下子就获得成功。只有善于积累，才能够赢得成功。

成功不是一蹴而就的事

获取任何成功都不是一蹴而就的事,都需要循序渐进。许多青少年做事之所以会半途而废,就是缺乏积累思维,缺乏按部就班地做下去的努力,没有刻苦的精神就不会有一分耕耘,一分收获的甜蜜。

人生的道路是一步一个脚印走出来的。不论是不是伟大的事情,唯有努力踏实地去耕耘,才有成功的希望。耕耘就是去辛劳你的身体,引发你的思想,致力于你要完成的事情上。

有位作家,他从小便喜欢写作,却始终没有动手。

在他读中学的时候,他就觉得他必须写点什么。他时常感到自己看到的东西老憋在胸中,胀得难受。可每次坐下来,又不知如何下手,有时连标题也想不出。就这样过了许多年。终于有一天,这种令他困惑苦恼的局面发生了变化。那是他在巴塞罗那遇到一个朋友之后,他的这个朋友原来是个小商人,可现在成了一位大饭店的老板。"伙计,"那天晚宴时朋友对他说,"我失败了许多次,但每次都努力干下去。"朋友举起酒杯,感慨地环视了一下华丽的餐厅,这一切都是努力干的结果。

努力干!他明白了,以往他有的只是自信,缺乏努力干下去的劲头。从此他强迫自己坐下来,鼓励写下去,鼓励自己接受和解脱痛苦的失败……谢谢那位朋友,他努力奋斗了,也有了今天。

强迫自己,努力写下去,使他迈出了写作的第一步,最终成为一名作家。

我们也有觉得某一件事情非做不可的时候,但是我们往往因为时间的流逝,把它遗忘在角落中。时间久了,我们什么都没有做。要知道世界上的任何成功都不会自己跑向你,你必须努力耕耘。

一个害怕困难、怕苦的人,是必然一事无成的。原因是世界上没有一件什么事是可以不劳而获的。要做成任何一件事,都会有困难,都会有艰辛。只是困难的大小不同、艰辛的程度不一。

现在,由于生活的普遍改善,娇生惯养的子女多了起来。有受娇惯的子女普遍好逸恶劳。拿起书包上学,放下书包吃饭。而在学校里也是上课不听讲,学习马虎。

比尔·盖茨留给他的孩子的是一种真正的财富,一种超越物质的、靠自己奋斗去创造一切的人生观。他告诉孩子:如果你想得到什么,就必须用自己的双手去争取。历史上无数事实证明,靠财产来贿赂孩子的做法只能毁掉孩子的意志与人生奋斗激情,对于胸无大志的人来说,最终甚至可能害了他们。"富贵不过三代",其原因就在于此。刻苦就是要不畏难、不怕苦,因而作为青少年的我们更要不畏难、不怕苦,努力地向着我们的目标做下去,脚踏实地地做好每一步,慢慢将所有的辛劳积累起来,一分耕耘,一分收获,让自己将来能够拥有更多更宝贵的收获!

脚踏实地,走好每一步

努力在于每天都能够多做一点,每天多付出的辛苦劳动,积累起来,就会变成成功的基石。

一只新组装好的小钟,放在了两只旧钟当中。两只旧钟"嘀嗒""嘀嗒"一分一秒地走着。

其中一只旧钟对小钟说:"来吧,你也该工作了。可是我有点儿担心,你走完3200万次以后,恐怕便吃不消了。"

"天哪！3200万次。"小钟吃惊不已，"要我做这么大的事？办不到，办不到。"

另一只旧钟说："别听他胡说八道。不用害怕，你只要每秒'嘀嗒'摆一下就行了。"

"天下哪有这样简单的事情。"小钟将信将疑。"如果这样，我就试试吧。"

小钟很轻松地每秒钟"嘀嗒"摆一下，不知不觉中，一年过去了，它摆了3200万次。

在许多青少年的心中，成功是一个了不起的字眼儿，就如同远方那座雄伟的山峰，可望而难以企及。然而，小闹钟告诉我们，成功其实很简单，那就是每天多做一点点。

李涛就读于某名牌大学新闻系，是学校有名的才子，在校时就已发表了许多篇文章，有的文章还在社会上产生了较大的反响。毕业后，他与其他几位同学一起被分配到了某报社。

李涛心想，自己是才子，理所当然地应该分到"要闻部"，不久就会成为"名记"。可是，当领导公布岗位分配的名单时，他才知道自己被分到了总编办公室。而另有两位没有他出色的同学，被安排在要闻部当实习记者。这一下，李涛不禁大失所望。

他开始埋怨领导"有眼无珠""安排不当"。实际上，领导这样安排，并非不了解他，而是想让他全面了解报业的运作过程和主要环节，使他了解全局，以便更好地发挥他的作用。

领导的本意是想给李涛提供锻炼、成长的机会，将来加以重用，李涛却看不到这一点，反而心生怨言，没干多久就辞职了。

还有一个故事：

古时候，一位读书人带着书童赶路进城，已是黄昏时分了，他们离县城还有两里路。读书人有些着急，问渡船的艄公："我们在城门关闭前能赶到吗？"艄公看了看挑着两箱书的书童，说："缓缓行走的话，城门还开着，快快地走就关了。"读书人以为是艄公开玩笑，转身疾步就走。没走多久，书童跌倒了，木箱裂开，箱中的书散落一地。等他们整理好书重新上路，赶到城门口时，城门已经关了。

这两个故事很有哲理，它清楚地告诉我们，事要一步一步地做，脚踏实地地走好每一步，方能走得久远。其实这也是告诫青少年在成长路上不可急于求成，要冷静地对待每一步路，如果过于急功近利，则只会适得其反，丧失不应丢掉的机会。

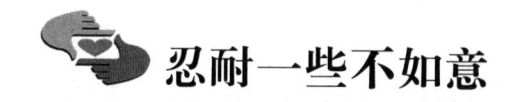

忍耐一些不如意

在遇到不如意时，杰出的青少年是不会被它带来的影响困扰的，因为他们知道多一分忍耐，就会多一些收益。

俗话说，"忍字头上一把刀"，如果说忍耐是一种压抑，它会使内心痛苦。那么，杰出的青少年，不会把忍耐看成一种不可承受的痛苦，而是把它当作一种积累的锻炼与考验。在生活中，往往是那些能够忍耐的人能够坚持到最后，成为杰出的人。

人们常说："心急吃不了热豆腐。"的确如此，一盘刚刚端上来的热豆腐，香气扑鼻，这时候，有些心急的人不经考虑就去吃，结果被烫得要死，就连吃其他菜也没有味道了。而聪明人就知道应该等一会儿再吃，那样就不会被烫着了。我们做事情也应如此，不要让心急使你失去获得收获的机会。学会忍耐，也许你就会得到更多。

琳娜和琼丝是两个刚刚毕业的大学生，参加工作以后，薪水都很低。琳娜积极上进，用全部的热情投入到工作中，而琼丝表现一般。公司的老板对她们并不看重，因为老板只欣赏那些有能力的人，她们俩都缺乏工作经验，业绩一般，为此老板经常训斥她们，让她们觉得老板十分苛刻，有时候因为一件小事都要遇到严厉的批评。尽管两人都非常气愤，态度却不一样。

　　琳娜尽管心里在气愤，可是她想，还是忍耐一下，继续留下来吧，如果自己的能力确实是老板训斥的那样，而且一段时间后没有提高，那么到时再提出辞职也不迟。然而琼丝不那么想，她认为老板是在故意为难她，继续留下来也不会有什么发展。经过考虑，琼丝决定辞职。就这样，她们分开了。

　　后来，琳娜积极工作的态度和提出的合理化建议，都得到了老板的赏识，她很快就升到了部门经理的位置，薪水也涨了两倍。随着她的业务越来越熟练，她在公司的地位也逐渐巩固，起到了举足轻重的作用。

　　几年后，她遇到琼丝，谈起彼此的生活，琼丝真是后悔不迭，因为到现在她还没有一个固定的工作。

　　琳娜的忍耐为她赢得了成功，而琼丝由于缺乏忍耐，为此付出了代价。在我们的生活中也有很多这样的例子，如果你遇到这样的事，你会向她们中的谁学习呢？杰出青少年是不会像琼丝那样做的。因为他们知道，忍耐住眼前的一点痛苦，它可能给今后的生活带来收益。为了你以后的幸福生活，有些时候你需要的是忍耐而不是冲动。

　　青少年的忍耐力比较差，因为他们的生活经验还比较少，心理承受能力也比较脆弱，在遇到事情时很难保持平静。因此，遇到问题与挫折时，首先要稳定自己的情绪，这是忍耐的重要前提。

　　忍耐是善于积累的一种表现方式。反过来忍耐也会帮你收获到积累的果实。正因为如此，青少年朋友要多锻炼自己的积累思维，学会忍耐吧，它必定会给你带来一份意想不到的收获。

第二十三章　九尺之台，起于垒土：积累思维

滴水汇集成大海

每天积累一点点，每天都进步一点点，天长日久，你就会发现自己有了突飞猛进的变化与飞跃。

青少年朋友，我们的生活就像是在决战，昨天的成功，并不能保证今天的胜利；昨天的挫折，不一定就导致今天的失败。而每一天的实干才是重要的，如果你每天进步一点点，一年下来的成果就大得惊人。

从前，有一个学生脾气很坏，人际关系一团糟。他的老师给了他一袋钉子，告诉他，每次发脾气或者跟人吵架的时候，就在院子的篱笆上钉一根。第一天，这位学生钉了 37 根钉子。后面的几天他学会了控制自己的脾气，每天钉的钉子也逐渐减少了。他发现，控制自己的脾气，实际上比钉钉子要容易得多。终于有一天，他一颗钉子都没有钉，他高兴地把这件事告诉了老师。老师说："从今以后，如果你一天都没有发脾气，就可以在这天拔掉一颗钉子。"日子一天一天过去，最后，钉子全被拔光了。老师带他来到篱笆边上，对他说："其实，你做得很好。你看篱笆上的钉子洞，这些洞永远也不可能恢复了，但它们是你进步的标志。每天都进步一点点，你就能提高自己一点点。提高自己一点，你离成功就会越来越近。"

1983 年，美国恐高症康复联席会会员汉姆，徒手攀壁，登上了 400 多米高的纽约帝国大厦。在庆祝会上，他的 94 岁的祖母被一群记者缠住了，因为她是从 100 公里以外步行而来的。记者问："你打定步行的主意以后，有没有因为年高犹豫过？"她说："对我来说，一口气跑 100 公里，是困难的，但走一步路不困难。我走完一步，接着又走一步，

然后再走一步……100多公里就这么走完了。"她把100多公里分解成了十几万步。

一般而言，突如其来的刺激或强敌往往能使人奋起面对，发挥出意想不到的潜力。而慢慢地腐蚀往往使人防不胜防，一蹶不振。

每天进步一点点，虽然只有一点点，可是我们仍在进步，仍在前进，怕就怕止步不前，这样你永远都成功不了。

李嘉诚虽然年岁渐老，但依然精神矍铄，每天要到办公室中工作，从来不曾有半点儿懈怠。据李嘉诚身边的工作人员称，他对自己业务的每一项细节都非常熟悉，这和他几十年养成的良好的生活工作习惯密切相关。

李嘉诚晚上睡觉前一定要看半小时的新书，了解前沿思想理论和科学技术，据他自己称，除了小说，文、史、哲、科技、经济方面的书他都读，每天都要学一点儿东西。这是他几十年保持下来的一个习惯。他回忆说："年轻时我表面谦虚，其实内心很'骄傲'。为什么骄傲？因为当同事们去玩的时候，我在求学问，他们每天保持原状，而我自己的学问日渐增长，可以说是自己一生中最为重要的。现在仅有的一点学问，都是在父亲去世后、几年相对清闲的时间内每天都坚持学一点东西得来的。因为当时公司的事情比较少，其他同事都爱聚在一起打麻将，而我是捧着一本《辞海》、一本老师用的课本自修起来。书看完了卖掉再买新书。每天都坚持学一点东西。"

大海是由一滴一滴水汇集而成的，

房屋是由一砖一瓦砌成的，

大力神杯是靠赢得一场又一场的比赛才获得的，

每个重大的成就都是一系列的小成就累积而成的。

青少年朋友应该在平时一点一滴的积累当中，养成良好的积累思维。每天进步一点点，滴水汇聚成大海，你就可以获得最后的成功。

第二十四章

你不是一座孤岛：团队思维

> 克雷洛夫说过，"一燕不能成春"。一个人无论多么优秀，如果离开了别人的配合，就无法把自己的事情做好，也无法在未来的社会上立足。我们的社会是由各怀特长的人共同组成的，每个人都有自己的优点，都是不可取代的，只有相互合作，取长补短，才能够共同取得成功。因此，青少年要在未来的社会中取得成功，就要培养自己的团队思维，树立双赢合作的意识。
>
> 在一个集体中，当其中一个人或几个人的头脑活跃起来提出新想法的时候，就会对集体中的其他人产生激发作用，使得大家头脑都活跃起来。当人们有意识地把这种集体中互相影响、互相促进的集体思考方法用于思考、研究或解决某一问题时，就形成了团队思维。

集体的力量大于个人力量

整体大于部分的总和，集体的力量大于个人的力量。每个人的成长离不开自己的集体，所以，青少年要热爱集体，融入到集体生活中，培养自己的团队思维。

有一天，苏联儿童文学家盖达尔带着5岁的小女儿珍妮向夏令营营地走去，他准备为少年朋友们讲自己的童话故事《一块烫石头》。

正当孩子们都在聚精会神地听盖达尔讲故事的时候，小珍妮却旁若无人地在礼堂里走来走去，有时还使劲地跺跺脚，发出恼人的声响，想要引起别人的注意。从她那洋洋得意的神情中，似乎可以看出她心里在这样想："我多么了不起，因为我是盖达尔的女儿！你们一个个都在听我的爸爸讲故事呢！"

盖达尔看到了自己女儿的所作所为，停止了讲故事，提高了嗓门厉声地对大家说："请你们把这个不懂礼貌、不守秩序的小家伙撵出去！她妨碍了大伙安静地听故事。"小珍妮没有料到爸爸会如此"绝情"，连哭带喊地撒着野，但是谁都不同情她，她硬是被工作人员拖出了会场，一个人在一间小屋里对着墙哭了个痛快。

故事会结束了，孩子们对盖达尔报以经久不息的掌声，感谢盖达尔给他们讲的动人的故事，更感谢盖达尔给他们上了生动的一课。就在盖达尔即将离开会场时，两个少年向他怀里塞了一本精致的笔记本，在本子的扉页上写道："赠给公正无私的阿尔卡蒂·盖达尔伯伯。"

盖达尔清楚地知道，5岁的小珍妮是想借助父亲的声望在大伙面前出风头，不想融入集体生活，这种莫名的优越感如若不加以遏止，会使孩子成为缺少团队思维、不能很好地融入到集体中的人。盖达尔对女儿施以杀手锏,将她自持不凡的骄气和优越感一扫而尽,这比枯燥的说教不知要强多少倍。

一个人只有融入到集体中,才能得到充分的锻炼和发展。

杰出的青少年应该善于合作,善于融入集体,因为谁都不可能是一座孤岛,一个人要取得成功,必须学会与别人一道工作,并能够与别人合作。

每一个人在人生的道路上,都曾得到别人的许多帮助。因此我们应该把帮助别人作为回报,同样,我们的成长时刻离不开集体,要热爱集体,也应该记住回报集体。

个人英雄主义要不得

争强好胜,事事要努力做到最好,这表现出一个人很求上进,是无可厚非的。但凡事都有一个"度",如果过于争强好胜,以至于不能与他人很好地协同作战,那就会走到反面,既做不好事情,又会给自己带来烦恼。下面故事中的阿勇对此就深有体会。

阿勇在读高中时非常喜欢运动,尤其是足球,他的内心一直崇拜那些足球明星。虽然阿勇才上高二,但球踢得相当好,所以成了校队的灵魂人物。在比赛中,他积极拼抢,使对方的队员十分头疼。

阿勇被包围在赞美中,这使他在精神上越来越骄傲,思想上常以自我为中心。于是,阿勇和其他队员之间产生了隔阂,经常会有一些摩擦。不久以后的一场比赛却让他终生难忘,对他来说那是非常深刻的一课。

那是一场决赛,无论哪一支球队胜出,都将成为本市校队的第一。学校对此很重视,阿勇所在的球队要和另一个学校的球队展开决赛,争夺第一。

上场前,教练叮嘱阿勇要和其他队员配合,不要搞个人表演,阿勇痛快地答应了。比赛开始,阿勇仍像往常一样,全力拼抢投入比赛,在上半场快要结束时,凭个人突破为自己的球队攻入一球。整个看台都沸腾了,阿勇感到前所未有的激动,带着喜悦结束了上半场。

下半场开始了,对方虽然先失了球,但是未乱阵脚,而阿勇所在的球队因为先进一球而思想上有些放松。尤其是阿勇,因为他想现在已经是下半场了,他们完全可以凭借一球而锁定胜局。因此一种强烈的表演欲占据了他的大脑。

当阿勇接到队友的传球后,本来有很好的机会传给另一个队友,但是阿勇没有这样做,而是带球过人,想炫耀一下自己。他很轻松地过了一个人,正洋洋得意时,忽然上来三四个人把他围住,他连起脚的机会都没有,还被对方打了一个反击,结果丢了一个球。

阿勇心里非常生气,心想凭他的能力怎么会丢球呢?于是又去拼抢,得到球后仍然不及时传给队友,而是一个人带球向对方的大门冲刺,结果又丢了一球。同时,失去了给其他队员传球的机会。

反复几次都是这样,而此时的比分已是2∶1,他们输一球。比赛快要结束了,他心里很着急,心想,如果再有一次拿到球的机会,他绝不放过。

果然有一个很好的机会,队友打了一个长传,阿勇拿到球后,对方只有一名防守队员,而阿勇方又有一名队员跑到对方球门前接应,这么好的机会,只要他将球传给队友,就很可能将比分扳平。可是阿勇想自己破门,于是阿勇带球冲过那个防守队员,却被对方把球给断了下来。由于阿勇的失误对方又得了一分。那一刻阿勇怔在球场上,周围的声音都听不到了,他的心中只有孤独、失落和沮丧。

现在想想,如果阿勇能与队友密切合作,那场比赛应该是多么自豪,可是骄傲与争强好胜毁了这一切。

青少年一定要记住,一个人的能力是有限的,不可能包打天下。

即便你是一个非常优秀的人,也不要忘了天外有天,人外有人,一定有许多更优秀的人值得你学习。不要过于争强好胜,团结他人共同奋斗,你将获得真正的成功与快乐。

积极参与到团队中去

社会在变,思想观念在变,我们的生存方式也在变化。将来的社会一定会是一个充满着各种竞争的社会,但同时是一个在合作中才能求生存的社会。假如一个人没能力提起一桶水,他就得和别人共抬,即与人合作。

许多青少年都很喜欢到郊外野餐。周末,小伟和小鹏的父母要带他们去市里的国家公园爬山然后野餐。临行的前一天,一家4口人商量该如何进行准备:妈妈负责去超市买食品,爸爸准备烤肉的炉子,9岁的小伟负责所有餐具,11岁的小鹏负责准备调料。爸爸提醒他们是否列出一个单子,一则防止遗漏,再则若家里不够的物品,可及时去买。小伟很快就列出了单子,请爸爸过目,随后便开始准备;小鹏却跑到外面找邻居家的孩子玩。爸爸警告他带齐调料,否则野餐不会好吃。小鹏一边往外跑一边说:"放心吧,我会带好的,别担心。"爸爸不大相信他会准备齐全,想自己来做,转念一想应当给小鹏一个锻炼机会,便没有再督促小鹏。小鹏也很开心地玩到很晚才回来,到厨房里忙了一会儿,搞出来一袋子瓶瓶罐罐,便上楼回房去睡了。

第二天一早出发,爸爸并没有再检查小鹏的准备工作,一家人高高兴兴上路了。走了两个小时的山路,选好了野餐的地点,大家开始准备午餐。等肉烤熟后,每人倒了一杯饮料,整理好盘子,围着野炊点的木制桌椅坐下,开始往烤肉上倒调料。"小鹏,烤肉汁在哪里?"

小鹏伸手到袋子里去找,怎么也找不到。"我记得从冰箱内拿出来的,怎么会没有?""你有没有列在单子上?""我没有列单子,我记得我把所有的调料都拿出来了。"小鹏又翻了一遍,大家都在那里等着。小鹏最终没有找到,惭愧地低下了头。

这样的经验教训是深刻的。小鹏知道由于自己的疏忽,不但影响了自己,也影响了家人,使这次活动大为逊色。这时爸爸并没有说一句责怪小鹏的话,但整个事情本身对他的教育已比任何话语更有效。

我们需要去做的,就是要有意识地树立一种竞争与合作的意识,积极主动地去参加一些团队活动。

只有积极参与,才可能融入到团队中去。积极参加团体活动,有意识地培养自己与别人合作的能力,就会形成团队思维。

志同道合,追寻双赢

当代著名画家齐白石大师,原来的职业是木匠,但是他学究天人、师法造化、大胆创新,逐渐练就了一代宗师的非凡功底。

当时的全国画坛死气沉沉,以模仿古人为能事,保守势力相当顽固。齐白石立志一扫这种沉闷的风气,非常孤立地奋斗在当时中国画坛的一片冷嘲热讽之中。

和他有着共同目标的还有著名国画大师徐悲鸿,他在蔡元培的引荐下,就任北平大学艺术学院院长,上任伊始,立即聘任齐白石为教授。

齐白石感激地问:"我只是一个拿斧子的木匠,怎敢到高等学府当教授呢?"

徐悲鸿回答道:"您岂止能当教授,就是教我本人也够资格啊!我正是要借助您这把斧子,来砍伐画坛上的枯枝朽木,您不是也有这样的目标吗?"

正是这样,才让两位国画大师联手,形成了一股席卷全国的新派画风。

齐白石与徐悲鸿一起开创国画新风格的成就,建立在双方拥有共同合作目标的基础上。倘若齐白石孤芳自赏,无意将自己的画风传之于世,就不可能在花甲之年创造功成名就的神话;同样,假使徐悲鸿安于北平大学艺术学院院长的职位,不打算整顿画坛的风气,也就没有恭请齐白石出山的佳话。

正是他们共同的、执着的目标,让二老携手并肩、名垂史册,一起创造了在共同目标指导下的双赢目标。

所以说,青少年朋友在与人合作的过程中,必须找到共同的目标,才能保障合作的进一步展开,才能确保日后双赢局面的出现,才能实现自己成功的计划。

首先,青少年朋友要掌握用暂时迁就的方法寻找共同目标。

找到自己和他人的目标其实很简单,但是如果合作的目标不统一,怎样正确地对待就很有学问了。

比如说,几个人组成一个学习小组。如果大家都以提高自己的成绩为目标,只顾自己钻研学问,不管他人成绩的好坏,合作势必也就无从展开。这种局面下,充其量只能是单赢——某几个人的成绩提高,其他人原来什么样,以后还是什么样。

这就是目标不统一的结果。要想改变这种趋势,最后得到双赢或者多赢的结果,也要从寻找共同的目标开始。

学习成绩好的青少年朋友,这时候不妨暂时迁就他人的目标,将目标从提高自身成绩变为提高小组集体成绩,主动帮助小组中成绩稍差的人,这样就找到了共同的目标。

只有找到了共同的目标,才能在相互的刺激和鼓励中共同进步,最后达到双赢或者是多赢的效果。

其次，青少年朋友要掌握用平衡的方法寻找共同目标。

这给了我们一个很好的启示：如果在合作中，某人的目标过高或者过低，影响到大家共同目标的一致性，就可以采用平衡的方法，打击或者刺激其改变目标，以便达到双赢的成功局面。

只有合作的双方达成共识，找到共同的奋斗目标，才能更好地深入合作，取得成功的可能性也会相应地提高。物理学中，只有方向相同的力，其合力的叠加效果才更明显。反之，方向不同的力，有时候甚至是会削弱其合力的总值。

所以说，青少年若想培养自己的团队思维，在合作中追寻双赢，就一定要先找到一个共同的目标，大家一起向一个方向努力，才能取得更大的成功。

第二十五章

当生活欺骗了你：镇静思维

镇静思维，是指在任何情况、任何场合，都能够保持从容不迫、顺应自然的思维方式。即使是面对突然变故，仍能够镇定自若。做到泰山崩于前而不变色。

青少年 能力培养课·思维

学会接受不公的待遇

镇静地面对并接受一切事实,也是镇静思维在我们生活中的运用。不要总是抱怨生活的不公,冷静下来面对它,你会有比抱怨更多的收获。

相对来讲,学校是很单纯的一个集体,同学之间没有太多涉及利益的利害关系,也就没有社会上的世态炎凉、尔虞我诈,没有人际交往中的复杂关系。因此,很多青少年刚刚走出校园时,还没有完全从学校的氛围中摆脱出来,一进入社会就会发现现实生活比想象中的残酷得多,难以适应,此时,很多不平等的事情就出现在生活中。拥有镇静思维,就要告诉自己尽量学会面对现实,去适应它。

生活不总是公平的。这着实让人不愉快,却是真实存在的。我们许多人所犯的一个错误便是为了自己或为他人感到遗憾,认为生活应该是公平的,或者终有一天总会公平的。其实不然,现在不会,将来也不会。

承认生活中充满着不公平这一事实的一个最大的好处便是它激励我们去尽己所能地努力改善现状,而不再自我伤感。我们知道让每件事情完美并不是"生活的使命",而是我们自己对生活的挑战。承认这一事实也会让我们不再为他人遗憾。每个人在成长、面对现实、作种种决定的过程中都有各自不同的能力和难题,每个人都有感到成了牺牲品或遭到不公正对待的时候。承认生活并不总是公平这一事实并不意味我们不必尽己所能去改善生活,去改变整个世界;恰恰相反,它正表明我们应该这样做。当我们没有意识到或不承认生活并不公平时,我们往往怜悯他人也怜悯自己,而怜悯自然是一种于事无补的失败主义的情绪,它只能令人感觉比现在更糟。但当我们真正意识到生活不公平时,我们会对他人也对自己怀有同情,而同情是一种由衷的情感,所到之处都会散发出充满爱意的仁慈。当你发现自己在思考世界上的

第二十五章　当生活欺骗了你：镇静思维

种种不公正时，一定要提醒自己这一基本的事实。你或许会惊奇地发现它会将你从自我怜悯中拉出来，采取一些具有积极意义的行动。

总之，我们承认生活是不平等的客观事实，并不意味着一切消极的开始，正因为我们接受了这个事实，我们才能放平心态，找到属于自己的人生定位，开始积极的人生。许多不公平的经历，我们是无法逃避的，也是无所选择的。镇静思维要求我们只能接受已经存在的事实并进行自我调整，抗拒不但可能毁了自己的生活，而且也许会使自己精神崩溃。因此，当我们在无法改变不公和不幸的厄运时，要学会接受它、适应它。

"让我们学着像树木一样顺其自然，面对黑夜、风暴、饥饿、意外等挫折。"

镇静地面对现实，并不等于束手接受所有的不幸。只要有任何可以挽救的机会，我们就应该奋斗！但是，当我们发现情势已不能挽回时，我们最好就不要再思前想后、拒绝面对，要接受不可避免的事实，唯有如此，才能在人生的道路上掌握好平衡。

我们每个人迟早要学会这个道理，那就是我们只有接受并配合不可改变的事实。冷静面对世上的所有不公平，坦然接受，要记住"事必如此，别无选择"，唯有镇静面对世事，才有力量改变世界。

无故加之而不怒，猝然临之而不惊

平常心也是一种镇静思维，在生活中保持平常心会享有幸福快乐；在变故时保持平常心，才能宠辱不惊，变不利为有利。在我们的日常生活中，愈是具有平常心的人，生活愈能幸福，那些整日斤斤计较、患得患失的人反而苦恼无穷。

在日本，有一位修行很深的禅师叫白隐，无论别人怎样评价他，他都会淡淡地说一句:"就是这样的吗?"

在白隐禅师所住的寺庙旁,住着一对夫妇,这对夫妇有一个漂亮的女儿。无意间,夫妇俩发现女儿的肚子无缘无故地大了起来。这种见不得人的事,使得她的父母异常愤怒!在父母的一再逼问下,她终于吞吞吐吐地说出"白隐"两字。

她的父母怒不可遏地去找白隐理论,然而白隐大师听了没有为自己辩解,只是心平气和地答道:"就是这样的吗?"孩子生下来后,就被送给白隐。此时,他的名誉虽已扫地,但他不以为然,只是非常细心地照顾孩子——他向邻居乞求婴儿所需的奶水和其他用品,虽不免横遭白眼,或是冷嘲热讽,但他总是处之泰然,仿佛他是受托抚养别人的孩子一样。

事隔一年后,这位没有结婚的妈妈,终于不忍心再欺瞒下去了。她老老实实地向父母吐露真情:孩子的生父是住在同一个村子里的一位青年。

她的父母立即将她带到白隐那里,向他道歉,请他原谅,并将孩子带回。

白隐仍然是淡然如水,他只是在交回孩子的时候,轻声说道:"就是这样的吗?"仿佛不曾发生过什么事,即使有,也只像微风吹过耳畔,转瞬即逝。

无论我们的生活遭遇了什么样的指责和非难,都应该像白隐禅师那样,保持心理上的平静,清醒理智地面对现实,做到"无故加之而不怒,猝然临之而不惊"。

拥有一颗平常心,宠辱不惊,这是一种很深的修养,更是一种镇静的思维。

老一辈人说得好:"所有人的加减乘除,最后的得分都是一样的。"其实,所有的这一切都是组成完整人生必不可少的内容,有大起就会有大落,太平顺就难免乏味。

所以,要用镇定思维面对人生,以平常心做事,以平常心待事,不攀比,不虚荣,沿着自己期望的目标,一步一个脚印地往前走,心平气和,不浮躁,人生就会充实而美好。

第二十五章　当生活欺骗了你：镇静思维

也许阳光总照耀着那些"出身"较好的人，也许生活对你很不公平，充满了辛酸与坎坷，但你不要气馁，其实保持平常心要比那些都重要。因为它可以使你战胜一切困难与险阻，最终迎来胜利的曙光。

只有努力培养自己的镇定思维，塑造平常心，才能达到精神世界的完整。这样我们才能勇敢地面对自我能力的局限，勇敢地去实现梦想。不因失败而气馁，即使在失去风雨相伴的爱人之后，也能勇敢地面对孤独的生活。

平常心，实不平常。事事平常，事事也不平常。

无论处于何种环境下，都能镇静以对、拥有平常心，那一定是个了不起的人，就如孔子所赞美的，"不是个圣人，也是个贤人"。只要我们努力，是能够以平常心去对待纷杂的世事和漫长的人生的，至少也能够做到以镇静的思维跨越人生的障碍。

遇事不乱才能成就大事

镇静思维，自然包括在意外的危险降临时，我们能够沉着冷静地应对。青少年正处于身心发展的成长时期，或许经历不够丰富，历练不够多，但抓住时机锻炼自己的镇静思维，在危难时刻不惊慌失措，冷静沉着是非常重要的。就像下面故事中的女主人一样，临危不乱，化险为夷。

故事发生在印度。有位殖民官员和夫人在家里举行盛大晚宴。筵席设在宽敞的饭厅里，室内是大理石地板，没有铺地毯；有明橼和通向走廊的宽大的玻璃门。宾主围坐在一起。来宾中有陆军军官、政府官员及他们的夫人，还有一位来访的美国动物学家。

席间，有位年轻姑娘和一位陆军上校展开了热烈的辩论。姑娘坚持认为，如今女性已有进步，不再是见耗子就吓得往椅子上跳那时代的女性了。

上校则坚持认为她们并没有什么改变。他说："女人一旦遇到危急情况，必然的反应就是尖声叫喊。男人在此情况下，可能会有同感，但他总要多那么点胆量，能够泰然处之。而这最后的一点胆量至关重要。"

那位美国客人没有参加这场辩论，只是依次瞧着其他客人。在他环顾时，看到女主人脸上出现了一种奇怪的表情，双目愣愣地直视前方，肌肉微微收缩。她用一轻微手势把站在身后的男仆叫到身边，向他耳语一番。仆人睁大了双眼，随即匆匆离去。在座的宾客除了这位美国人外，谁也没有注意到这些细节，也没有看到仆人把一碗牛奶放在紧靠门的走廊上。

美国人马上意识到发生了什么。在印度，牛奶放在碗里只意味着一件事——引诱眼镜王蛇，他意识到房间里一定有条眼镜王蛇。他抬头看看椽子——最有可能藏着蛇的地方，但椽子上什么也没有。再瞧瞧室内四周，房间的3个角落是空的，第四个角落里站着等待上下一道菜的仆人们。现在，只有一个地方没有察看：餐桌底下。

他的第一个反应是欲往后跳，并向别人发出警告。然而他懂得，这一阵骚动必然会惊动眼镜王蛇，使它咬人。他快速地讲了几句话，语调极为吸引人，每个人都注意听着。他说："现在，我想试试在座诸位的自制力。我数到300，数5分钟，谁也不许动一下，谁动，罚50卢比。开始！"

20个人坐在那里纹丝不动，像是20座石雕像在听他数。在他数到280时，他眼角瞟见了这条蛇，正爬向这碗牛奶。他跳起身来，迅速跑过去把通向走廊的门关上。饭厅里随即响起一片尖叫声。

"你说得对啊，上校，"男主人无限感慨地说，"正是一个男人，刚才给我们作出了从容不迫、镇静如君的榜样。"

"请等等，"美国人说着转向女主人，"维纳太太，您怎么知道房间里有条眼镜王蛇？"

女主人脸上展现出一层淡淡的笑容，回答说："因为当时它正从我的脚背上爬过去。"

在危险面前惊慌失措是没有意义的；只有冷静沉着，才可能找到摆脱困境的时机。青少年朋友只有多锻炼自己面对意外情况时的镇静思维，遇事不乱，将来才会成就大事。

第二十六章

生于忧患，死于安乐：忧患思维

> 忧患思维体现的是一种居安思危的高超智慧。它主要通过超越现实的危机性和问题性的情感表现。目的是希冀做好工作，推动社会更加健康地向前发展。

时刻保持危机感

忧患思维要求你要想成为优秀的人，就必须时刻保有危机感；当你取得初步的成功之后，你所面临的压力可能会更大。认识到这一点，说明你就是一个有危机感的人，也是具有忧患思维的人。你需时时记住，不要让优秀成为你的包袱。

忧患思维永远是我们成功的动力。

3个旅行者早上出门时，一个旅行者带了一把伞，另一个旅行者拿了一根拐杖，第三个旅行者什么也没有拿。

晚上归来，拿伞的旅行者淋得浑身是水，拿拐杖的旅行者跌得满身是伤，第三个旅行者却安然无恙。于是，前两个旅行者很纳闷，问第三个旅行者："你怎么会没有事呢？"

第三个旅行者没有回答，而是问拿伞的旅行者："你为什么会淋湿而没有摔伤呢？"

拿伞的旅行者说："当大雨来到的时候，我因为有了伞，就大胆地在雨中走，却不知怎么淋湿了。当我走在泥泞坎坷的路上时，我因为没有拐杖，所以走得非常仔细，专拣平稳的地方走，所以没有摔伤。"

然后，第三个旅行者又问拿拐杖的旅行者："你为什么没有淋湿而摔伤了呢？"

拿拐杖的说："当大雨来临的时候，我因为没有带雨伞，便拣能躲雨的地方走，所以没有淋湿。当我走在泥泞坎坷的路上时，我便用拐杖拄着走，却不知为什么常常跌跤。"

第三个旅行者听后笑笑说："这就是为什么你们拿伞的淋湿了，拿拐杖的跌伤了，我却安然无恙。当大雨来时我躲着走，当路不好时我细心地走，所以我没有淋湿也没有跌伤。你们的失误就在于你们有凭

第二十六章　生于忧患，死于安乐：忧患思维

借的优势，认为有了优势便少了忧患。"

我们总是盯着自己的缺点和不足不放，时时紧张着自己会暴露缺点，然而，更多时候我们不是败在缺点或者短处上，而是错在对自己的优势上。许多时候，优势也会成为我们前进路上的绊脚石。

有一个大学生曾被公认为全班最胆小、最怯懦的人，同学们都不屑于与他交往。大学毕业挥手告别之时，还有许多人预言10年后的相聚他将是失败者之一。

10年很快过去了，他们的相聚如期举行。聚会到高潮，每人依次上台讲述自己的现状和理想，还有对目前生活的满意程度。大多数人目前的现状不如当年跨出校门时的理想，对目前生活满意者几乎没有。

该他上台了，他清了清嗓子，沉着而冷静地说道："我目前拥有数家公司，总资产上亿元，远远超过当年走出校门时的理想。如果说还有什么遗憾的话，就是我认为离那些我所欣赏的成功者还很遥远。是的，无论是在学校还是投身社会，我一直都很自卑，感觉每一个人都有特长，都比我强。所以我要努力学习每一个人的特长，并且尽力丢掉自己的缺点。但我发现，无论我如何努力总是无法赶上所有的人，所以我就一直自卑下去。因为自卑，我把远大的理想埋在了心底，努力做好手头的每一件小事；因为自卑，我将所有的伟大目标转化成向别人学习的一点点的进步。这样，把自卑压在心底，谦逊地向别人学习，我就获得了源源不断的前进动力。"

一个有优势的人如果没有危机感，要不了多久，就会在破产者的队伍中找到他的名字。

所以，即使你已经初步成功了，你也应该时刻记住：

对于我们任何人包括成功强者来说，明天的日子不会比今天更好过！

同样的道理对青少年也适用，当一个人有了危机感，不为自己具备的优势而沾沾自喜，相反更加努力奋进，那么他的潜能将被最大限度地发挥出来。这也是忧患思维的真正益处。

骄傲自满，坐吃山空

忧患思维，时刻保有危机感是我们不断进取的动力源泉。只有时刻保持忧患思维，才能使人或一个族群生生不息，不断进取。

以战国时的范雎为例。他以"远交近攻"的策略说动秦昭王后，被秦昭王拜为客卿。以后又为秦昭王出谋划策，废黜了专权的宣太后，驱逐了把持朝政的穰侯、高陵君、华阳君、泾阳君等人，维护了昭王的绝对权威。

昭王于是拜范雎为相国，封为应侯。

这时，燕国人蔡泽来到了秦国。在咸阳住下后，他雇人放风说："燕国来了一位士人蔡泽，非常能言善辩。他说如果他一旦见到昭王，昭王一定会因此把范雎扔到一边，撤掉范雎的丞相职务。"

范雎决定见一见这个不速之客。

蔡泽见到范雎后，对他直言不讳地说："人们常说，太阳运行到中天便要偏西，月亮圆满便要亏缺。物盛则衰，这是天地间的自然规律。你现在功劳很大，官位到了顶点，秦王对你的信任也无以复加，正是退隐的好时机。这时退下来，还能保住一生的荣耀，不然的话，必有灾祸。这方面的教训是很多的。想当年，商鞅为秦孝公变法，使秦国无敌于天下，结果却遭到车裂而死的下场；白起率军先攻楚国，后打赵国，长平之战杀敌40万，最后还是被迫自杀；又如吴起，兵震天下，威服诸侯，后来却被肢解丧命了。文种为越王勾践深谋远虑，使越国强盛起来，报了夫差之仇，可是最终还是为越王所杀。"

范雎听了，不禁动容。

蔡泽稍稍停了一会儿又说："这4个人都是在功成名就的情况下不知退隐而遭受的祸患。这就是能伸而不能屈，能进而不能退啊！倒是范蠡明白这个道理，能够超脱避世，做了被人称道的陶朱公。我听说，以水为镜，可以看清自己的面容；以他人为镜，可以知道自己的祸福。《逸书》说：'成功之下，不可久处。'你何不在此时归还相印，让位给贤能的人，自己隐居山林，永保廉洁的名声、应侯的地位，世世代代享受荣耀呢？"

过了几天，范雎向秦昭王推荐蔡泽接替自己的位置，托病归还了相印。

因此，培养忧患思维与危机感，深谋远虑，安而不忘危，是不打败仗的立身之本。

骄傲自满，安于现状则会使人盲目乐观，不思进取，甚至坐吃山空，在颓废中丧失斗志，最终葬送大好前程。忧患思维可以使人正确地认识形势，在强烈的危机感中始终保持奋发有为的精神状态，不断开拓人生的新境界。

未雨绸缪，主动进取

在动物界，狼是一种非常聪明的动物。如果让单个狗与单个狼搏斗，败的肯定是狗。虽然狗与狼是近亲，它们的体型也难分伯仲，但为什么败的总是狗呢？经人类长期豢养的狗，因为不面临生存的危机，脑容量大大小于狼；而生长在野外的狼，大多极具危机感，为了生存常常居安思危，保护自己，它们的大脑被很好地开发，不但有良好的创造性，而且有着超常的生存智慧。

其实，动物如此，人类又何尝不是这样呢？

克罗克是美国颇负盛名的麦克唐纳公司的老总。有一段时间，公司出现严重亏损。克罗克发现其中一个重要原因就是公司各职能部门经理总是习惯于靠在舒适的椅背上指手画脚，把许多宝贵时间耗费在抽烟和闲聊上。于是，他派人将所有经理的椅背都锯掉了，逼他们离开了舒适的椅子。开始，经理们不解、不满。不久，他们悟出了克氏的良苦用心，于是纷纷深入基层实地调查、处理问题。他们的行动影响和带动了全体员工，公司短期内就扭亏为盈。椅背锯掉了，惰性的温床便不复存在，人的活力与创造力被激发，公司效益随即扶摇直上。这一良性循环的规律同样适用于其他领域，尤其是人生奋斗的过程中。

　　商界巨子唐纳·里普出生于纽约一个富贵家庭，年轻时他充满幻想。大学毕业后进入父亲的公司，凭着超人的天赋，他在公司干得很出色。27岁时，他接管了公司的业务，并开始涉足美国房地产业，短短几年时间，他跑遍了全美的房地产市场，对美国房地产所有的经营规则和庞大的关系网了如指掌。此后，他与美国最大的建筑商伯哈特公司合作，在纽约的黄金大道上矗立起威震全美的曼哈顿大厦。由此，唐纳·里普踌躇满志，他开始把目光投向更远，他需要一座巨大无比的、真正的城堡，以此来铭记和镌刻他那传奇般的经历与荣耀。机会真的降临了。

　　1985年3月，当美国赌博管理委员会解除了希尔顿酒店的赌博牌照时，唐纳·里普忽然意识到这可能是一个机会。当时，赌场在美国是一个具有垄断意味的行业，几乎全美各州都实行严格控制。而开设和经营赌场，又被世界普遍认为是房地产业的深度开发，也是房地产业的又一发展方向。唐纳即刻进军大西洋城，把希尔顿赌场大酒店接收下来。此后，唐纳又斥资5000万美元购买了假日酒店的赌场产权，并称名为"唐纳·里普广场"。在唐纳购买了最大最豪华的"泰姬玛哈"赌场后，他开始不思进取，沉迷于享乐之中，而且他干脆把管理权交给了弟弟罗伯特，而罗伯特对赌博业一窍不通。这一致命的错误为其衰败埋下了种子。罗伯特常常为一些小事与客户争执不下，因此伤了许多客户的心。

　　后来，唐纳苦心经营多年拼搏创立的赌业神话开始破灭。辉煌一时的"泰姬玛哈"赌场收益迅速下滑，唐纳手足无措，竟然拆东墙补西墙，将"唐纳"广场一些最好的客户引到"泰姬玛哈"来，以图挽救这个庞然大物，结果使尚有生机的"唐纳"广场也由此衰败。

　　唐纳的故事告诉我们，人皆有惰性，一旦条件优越，就难免会产生满足的心理，降低了警惕。所以，青少年要想在异常激烈的社会竞争中不被淘汰，还是有一点生存危机的好。具有忧患思维，能够居安思危，这样就可以未雨绸缪，主动出击，多一点生存的技能与智慧，对未来就多几分机会与把握。

第二十七章

准备赢得一切：准备思维

> 机会对每个人来说都是公平的，但它更垂青于有准备的人。我们常说："养兵千日，用兵一时。"准备工作做得越充分的人，成功的可能性越大。
>
> 准备思维，就是在做事前将事情的所有相关因素考虑到，未雨绸缪，防患于未然，利用好一切资源，增加胜算的思维方法。

凡事预则立，不预则废

一个缺乏准备思维的人必定会差错连连，纵然具有超强的能力、千载难逢的机会，也未必就能获得成功。

一个年轻的猎人带着充足的弹药、擦得锃亮的猎枪去寻找猎物。虽然老猎手们都劝他在出门之前把弹药装在枪筒里，但他还是带着空枪走了。

"废话！"他嚷道，"我到达那里需要一个钟头，哪怕我要装100回子弹，也有的是时间。"

仿佛命运女神在嘲笑他的想法似的，他还没有走过开垦地，就发现一大群野鸭密密地浮在水面上。以往在这种情景下，猎人一枪就能打中六七只，毫无疑问，够他吃上一个星期的。可如今他匆匆忙忙地装着子弹，此时野鸭发出一声鸣叫，一齐飞了起来，很快就飞得无影无踪了。

他徒然穿过曲折狭窄的小径，在树林里奔跑搜索，树林是个荒凉的地方，他连一只麻雀也没有见到。

真糟糕，一桩不幸连着另一桩不幸：霹雳一声，大雨倾盆。猎人浑身上下都是雨水，袋子里空空如也，猎人拖着疲乏的脚步回家去了。

在看到猎物的时候才去装弹药，连作为一名猎手最起码的准备工作都没有做好，当然不可能有什么收获了。

实际上，我们做任何事情都是如此，最终决定成败的并不一定是能力、运气、环境等，而是我们最容易忽略的准备思维。

大学毕业前夕，同学们都纷纷在为找工作而忙碌着。同学石油专业的张亮与李刚都想靠自己的专业找"对口"单位。两人的表现却很不相同。

张亮认为自己是系里的高才生，又是学生会的干部，各方面能力都不差，找份好工作自然不在话下，也就有些漫不经心。同样成绩优异的李刚却没有像张亮一样"享受大学最后的时光"，而是每天到校外各种相关单位去咨询，去了解石油行业的发展形势及市场行情，对各单位存在的问题也有了全面的掌握。

石油行业单位开始进行校园招聘了。

李刚凭借自己的专业知识和对市场、行业的了解对面试官的问题对答如流；而张亮除了会"纸上谈兵"以外，对企业发展一无所知。最后的结果也显而易见，李刚顺利地应聘到一家大公司，而张亮只能到一家他并不很中意的公司上班。

这不能不说因为李刚做了充足的准备才赢得了好的机遇，张亮却错过了。

这就是凡事预则立，不预则废的道理。所以说，一个具备准备思维的人就是一个已经预约了成功的人。青少年在做事之前要时时刻刻提醒自己，我准备好了吗？还有什么需要准备的？我所准备的是最适合我的吗？当你得到的肯定答案越多时，你做事成功的可能性也就越高。

当机会来临时

缺乏准备思维的人，只会错失机会，因为机会只垂青有准备的人。世界上最可悲的一句话就是："曾经有一个非常好的机会，可惜我没有把握住。"遗憾的是，这种事情在很多人身上都发生过。其实，机会对我们所有人都是平等的，它有可能降临在我们每一个人的身上，但前提是：在它到来之前，你一定要做好准备。

在2005年的西甲赛场上，出现了一位神奇的门将，他就是西班牙人队的卡梅尼。该赛季卡梅尼6次扑点球成功，而罚球者都是声名显赫的球员，如托雷斯、罗纳尔多、巴普蒂斯塔和洛佩斯等。

卡梅尼成了西甲不折不扣的"点球大师"，尽管他才20出头。对于扑点球，卡梅尼有着自己独特的理解："罚点球就像西方的决斗，是两个人之间的决斗。要想战胜对手，你就必须了解对手，了解对手使用什么武器，知道对手会往哪个方向踢，会踢半高球还是低平球。"

当然，要做到这一点，卡梅尼付出了极大的努力。据他的老师，西班牙人队的守门员教练恩科马透露，卡梅尼每场比赛之前都要观看无数的录像带，尤其是对手罚点球的录像带。"在走上球场之前，卡梅尼其实早就知道，对方阵中谁会主罚点球，主罚点球的人是左脚还是右脚，喜欢往左边踢还是往右边踢。"

正因为这样，西班牙人俱乐部已经宣布，联赛结束后的第一件事，就是给卡梅尼加薪并修改合同，全力保住这名天才门将。

还有一个真实的故事，几年前，两个乡下女孩来到大城市寻求发展，她们合租了一间房子同住。这两个女孩都因为家境贫困而辍学，但她们希望能在这里找到一份待遇不错的工作，有一天能过上幸福的生活。虽然两人的条件都差不多，但让人吃惊的是，她们后来的遭遇迥然不同。

其中一个女孩，以她的年龄来说，是相当具有智慧的，她明白机会不会凭空从天上掉下来。于是，她早早就开始为她的未来做准备了。最初，她只是在一家宾馆做清洁卫生的工作，但她非常认真，而且在业余时间里到附近的培训学校选修了酒店管理的课程。她还注意矫正自己的乡下口音和一些都市人难以接受的习惯。后来，她成了这家宾馆服务部的经理，还与一位年轻有为的律师结了婚，她终于得到了她想要的幸福。

至于另外那个女孩，她却一直沉溺在自己的梦想之中，整天幻想着能突然遇到一个白马王子来使自己过上向往的幸福生活。虽然中间也曾有一些不错的小伙子对她产生过好感,但毫无准备的她都让这些机会擦肩而过了。一直到现在,她还生活在这个都市的最底层。

机会对于有准备的人来说,是通向成功之路的催化剂;对于缺乏准备的人来说,却是一颗裹着糖衣的毒剂,在你还沉浸在获得机会的兴奋之中时,它却会给予你致命的一击。青少年朋友,一定要注意培养自己的准备思维,多做好准备,待机会来时便可紧紧抓住,一举成功。

充分准备才能赢得胜利

是否具备准备思维,能够决定你做事的成败,因为在很多情况下,缺乏准备思维,准备不足是导致做事失败的根本原因。

坦率地说,任何人都不愿意面对失败。当技术人员发现自己辛辛苦苦开发的软件被证明是漏洞百出时,当销售人员费尽唇舌依然没有签到合同时,当一个管理者发现自己的团队是一盘散沙时,那种沮丧、失落的心情确实令人难过。也许他们可以用无数个理由来为自己开脱,什么运气不好,一时疏忽,配合不力,等等。但事实可以告诉我们,隐藏在这些失败背后的真正原因就是:准备不足。

在吸引了几乎全世界人眼球的拳坛世纪之战中,当时正如日中天的泰森根本没有把已年近 40 岁的霍利菲尔德放在眼里,自负地认为可以毫不费力地击败对手。同时,几乎所有的媒体都认为泰森将是最后的胜利者。美国博彩公司开出的是 22 赔 1 泰森胜的悬殊赔率,人们也都将大把的赌注压在了泰森身上。

在这种情况下,认为已经稳操胜券的泰森对赛前的准备工作——观看对手的录像，预测可能出现的情况及应对措施，充足的睡眠和科学的饮食都敷衍了事。

但是，比赛开始后，泰森惊讶地发现，自己竟然找不到对手的破绽，对方的攻击却往往能突破自己的漏洞。于是，气急败坏的泰森做出了一个令全世界人都感到震惊的举动：一口咬掉了霍利菲尔德的半只耳朵！

世纪大战的最后结局当然是：泰森成了一位可耻的输家，还被内华达州体育委员会罚款600万美元。

泰森输在准备不足，当霍利菲尔德认真研究比赛录像、分析他的技术特点和漏洞时，泰森却将教练准备的资料扔在了一边；当对手在比赛前拼命热身，提前进入搏击状态时，他却在和朋友一起狂欢。虽然泰森的实力确实比对手高出一筹，从年龄上也占尽了优势，他最后却一败涂地。

霍利菲尔德的成功和泰森的失败皆因准备。每一件差错皆因准备不足，每一项成功皆因准备充分。

当然，在这种一战定胜负的比赛中，偶然性确实占了很大的比重。这个时候，比的并不是谁的实力最强，而是谁犯的错误最少。然而，通过这场比赛，我们可以得到我们在日常生活中做事的普遍道理：只有真正地重视准备，培养准备思维，扎实地把准备工作都做到位，才能从根本上保证你不犯或少犯错误。